Tiempo de México

El espejismo democrático

De la euforia del cambio a la continuidad

Con una cierta mirada

El espejismo democrático
De la euforia del cambio a la continuidad

Lorenzo Meyer

OCEANO

EL ESPEJISMO DEMOCRÁTICO
De la euforia del cambio a la continuidad

© 2007, Lorenzo Meyer

D. R. © 2007, EDITORIAL OCEANO DE MÉXICO, S.A. de C.V.
        Blvd. Manuel Ávila Camacho 76, 10° piso,
        Colonia Lomas de Chapultepec, Miguel Hidalgo,
        Código Postal 11000, México, D.F.
        ☎ (55) 9178 5100   ☎ (55) 9178 5101
        ✉ info@oceano.com.mx

PRIMERA EDICIÓN

ISBN-13: 978-970-777-343-1
ISBN-10: 978-777-343-X

IMPRESO EN MÉXICO / PRINTED IN MEXICO

ÍNDICE

INTRODUCCIÓN

Los caminos torcidos de la consolidación democrática mexicana

Increíble. Para aquellos que nacimos a partir de la década de los cuarenta, la Revolución mexicana ya era historia y en materia política el gran partido oficial, el PNR-PRM-PRI, aparecía como una realidad tan cotidiana, normal y apabullante como permanente e indestructible. Por eso, lo ocurrido en las urnas el 2 de julio de 2000, aunque esperado y enteramente explicable en términos analíticos, no dejó de tener algo de insólito e increíble.

Ese 2 de julio, tras monopolizar el Poder Ejecutivo por 71 años consecutivos, la institución que perdió el control sobre la supuestamente poderosa Presidencia mexicana, no fue realmente un partido político sino una organización que desde su origen pretendió que se le viera como el único representante legítimo no de una parte del espectro político mexicano sino del todo, del conjunto nacional. Y tan espectacular como su derrota fue la forma: por la vía pacífica, ¡la electoral! Eso nunca antes había sucedido en México. Años atrás, no lejos de su muerte, uno de los dirigentes más importantes y representativos del PRI —el líder sindical Fidel Velázquez— aseguró

11

que si su partido había ganado el poder por la fuerza (la Revolución mexicana) sólo por la fuerza lo abandonaría. Sin embargo, tras las elecciones del verano de 2000, el jefe nato de ese partido de Estado —el presidente de la República— ya no tuvo otra salida que aceptar incondicionalmente su derrota y rendir la plaza sin resistencia. Todo pareció indicar entonces que finalmente la sociedad mexicana, apoyada por un entorno internacional favorable, se había impuesto a una clase política autoritaria y corrupta. Se suponía que se había acabado con toda una forma de vida colectiva, con toda una cultura política antidemocrática, humillante y corrupta, muy corrupta. El futuro político de México lucía francamente promisorio. Sin embargo, en diciembre de 2006, al concluir el primer gobierno del nuevo régimen, esa seguridad democrática se había debilitado y mucho. Se comprobaba lo afirmado por el clásico: el pasado nunca pasa, ni siquiera es pasado. Cada vez es más claro que la formidable y terrible herencia del PRI se mantiene viva.

De la euforia a la crispación y a la incertidumbre. En la actualidad, y políticamente hablando, México está tan dividido en dos campos irreconciliables —con el "en medio" de siempre— al punto que su atmósfera tiene semejanza con la que se respiraba a mediados del siglo XIX, cuando iba *in crescendo* la disputa por la nación entre liberales y conservadores. Para unos, la responsabilidad principal de esa pérdida del optimismo inicial recae sin duda en una izquierda populista y rijosa que no supo volver a perder con gracia —ya no reeditó 1988 y menos 1994 y 2000— y que en vez de contribuir a fortalecer el entramado institucional, lo ha debilitado.[1] Para otros, por el contrario, la responsabilidad de lo ocurrido es de una derecha tramposa, que ha decidido atrincherarse en las estructuras del poder institucional para defender los privilegios que le otorga una estructura social donde una sola familia puede acumular una fortuna de 53,000 millones de dólares mientras que, por otro lado, 20% de las familias más pobres tiene que sobrevivir con apenas 3.1% del ingreso disponible.[2]

Independientemente de la orientación ideológica, hay casi un consenso en México sobre el mal papel que desempeñó el principal responsable político del primer gobierno del nuevo régimen —el presidente Vicente Fox—, pues simplemente no estuvo a la altura de su responsabilidad histórica y dañó el proceso de consolidación democrática en su etapa inicial. Nunca antes había tenido México una oportunidad tan estupenda para dar forma a un gran consenso democrático, pero la falta de visión y de grandeza tanto del jefe del Poder Ejecutivo como de su círculo de colaboradores —la mayoría formados en el mundo de la gran empresa privada— y de la clase política en general, la dejó pasar.

El año 2000 no desembocó en un nuevo marco legal sino en la permanencia de casi todo lo anterior, desde las personas hasta las instituciones y, sobre todo, los patrones culturales. Aunque en el México actual el término "cambio" se ha usado ad nauseam, el cambio ha resultado mucho menor de lo esperado: la vida económica sigue sin vitalidad, la estructura social está tan desequilibrada o más que antes, la estructura institucional mantiene su ineficacia, la distancia económica y mental que separa a la clase política del grueso de la sociedad sigue siendo enorme, lo mismo que la corrupción de políticos y administradores. El cambio no llegó, al menos no en la forma que se prometió y que despertó la imaginación de los muchos.

Lo alcanzado. De todas maneras, e independientemente de sus resultados, la hazaña democrática del verano mexicano del año 2000 no fue poca cosa. Una mayoría ciudadana pudo

13

entonces confrontar y derrotar casi sin violencia al sistema autoritario más exitoso del siglo XX. Desde luego que entre 1988 —el inicio de lo que se llamó la insurrección electoral— y el 2000, el PRD y el Ejército Zapatista de Liberación Nacional (EZLN) se vieron obligados a pagar un tributo de sangre para el desarrollo político mexicano, pero dada la historia política mexicana, la situación hubiera podido ser mucho peor. En estricto sentido el régimen mexicano que dejó de existir al cambiar el siglo, había nacido antes que el PRI, en 1916, cuando Venustiano Carranza logró imponerse por la fuerza sobre sus adversarios externos e internos. Desde entonces y hasta el año 2000, el poder y los mecanismos de transmisión de éste siempre se mantuvieron dentro del mismo círculo y todas las elecciones, salvo las últimas, fueron mera forma sin contenido, pues no existió posibilidad real de alternancia de partidos. Esto significó que el sistema autoritario que gobernó a México de forma ininterrumpida a lo largo de casi todo el siglo XX, nació poco antes de que Lenin y los bolcheviques tomaran el poder en Rusia y pudo mantener su monopolio por casi un decenio después de la desaparición de la URSS. Para el año 2000, otros sistemas autoritarios similares al mexicano, como el de Ataturk en Turquía, el de Franco en España o el de Salazar en Portugal, ya habían sido archivados por la historia y los que siguen vigentes aún tienen que sobrevivir dos o tres decenios más antes de poder superar el record establecido por los líderes victoriosos de la Revolución mexicana y sus herederos directos, los priístas.

Hoy. A siete años de la histórica jornada electoral y democrática de 2000, México no se encuentra en el sitio donde se supondría que ya debería estar: en una etapa avanzada de la consolidación democrática. En 2007 el Poder Ejecutivo lo ejerce el representante de un partido de derecha —el PAN—

14

que oficialmente en las elecciones superó a su rival de izquierda —al de la coalición encabezada por el PRD— por menos de 1% del voto total. Sin embargo, lo realmente difícil no es que la Presidencia mexicana esté en manos de quien obtuvo apenas una mayoría relativa de 35.89% de los votos válidos emitidos, sino que quien quedara en segundo lugar por apenas un medio por ciento de diferencia —el candidato del PRD— no comparte su proyecto y se niega a reconocerle legitimidad al nuevo gobierno porque, sostiene, el proceso mismo de la elección no fue legítimo. El derrotado aduce que hubo inequidad en la contienda y un final fraudulento. Y aunque esta última acusación no ha sido efectivamente probada, su formulación cae en un terreno históricamente propicio, muy propicio, para el crecimiento de la sospecha.

La acusación de fraude aún tiene que ser probada pero la de inequidad no. Está en primer lugar, y es al final de la dura jornada de 2006, cuando el máximo órgano electoral —el Tribunal Electoral del Poder Judicial de la Federación— declaró ganador al panista, pero en el proceso se vio obligado a reconocer explícitamente que durante la campaña electoral el presidente saliente —Vicente Fox— y una poderosa organización empresarial —el Consejo Coordinador Empresarial— actuaron de manera parcial, ilegal e ilegítima, aunque no fue posible determinar hasta qué grado influyeron en el resultado final.[3]

En su momento, el candidato de la izquierda, Andrés Manuel López Obrador, exigió que ante una diferencia tan reducida —0.56%— era necesario proceder a un recuento de "voto por voto y casilla por casilla" pues de lo contrario las sospechas y dudas de los supuestamente derrotados en relación con el conteo inicial se transformaría en certeza y en un rechazo

15

hacia el nuevo gobierno, al que tratarían como ilegítimo. Sin embargo, el ganador oficial de la elección presidencial —Felipe Calderón—, su partido, el PAN, y el tercero en discordia, el PRI —históricamente condicionado a ser un aliado condicional de quien quiera que tenga el poder— y los "poderes fácticos" —grandes empresarios, la mayoría de los medios de información, las iglesias— se opusieron al recuento y, para sorpresa de pocos, la estructura legal los respaldó. La reacción de la izquierda fue el rechazo a la validez del resultado de la elección, la promesa de movilizaciones en contra y la consolidación de una gran fractura política.

Una explicación. ¿Por qué en 2000 el proceso electoral funcionó como se suponía y en condiciones aparentemente más favorables en 2006, no? En buena medida porque el margen entre el primer y el segundo lugar fue amplio: 6%. En segundo lugar porque el gobierno había tomado la decisión de no volver a imponerse a costa de la credibilidad, pues su déficit en este campo ya era enorme. La tercera razón, la más importante, está en la diferencia de los intereses en juego. En el 2000, la lucha fue entre Francisco Labastida, el priísta, y Vicente Fox, el neopanista. Todas las encuestas mostraron que esa vez el candidato de la izquierda, Cuauhtémoc Cárdenas —candidato por tercera vez consecutiva— ya no tenía posibilidades reales de triunfo. En tales circunstancias, la contienda se convirtió en una lucha entre dos personajes contrastantes pero con proyectos de clase muy semejantes. En efecto, desde 1989 el PRI y el PAN habían empezado a negociar con éxito sus diferencias de principios y de programas de gobierno hasta casi eliminarlas. De esa manera, lo que estuvo en juego entre la derecha autoritaria priísta y la derecha supuestamente democrática del PAN, fue una diferencia de estilos e historia pero no de propósito. De antemano se sabía que ganara quien ganara entonces, el resultado no significaría diferencias sustantivas en las políticas económicas, sociales o externas. Por ello los poderes fácticos aceptaron sin grandes dificultades la victoria panista: no implicaba ningún cambio sustantivo y sí una evidente ganancia de legitimidad que pondría fin al déficit generado por el PRI en ese campo.

En contraste, en 2006 las posibilidades de triunfo del PRI en la disputa por la Presidencia eran nulas. Desde muy pronto la lucha se planteó no como una simple alternancia entre PAN y PRD en la Presidencia, sino como una competencia entre derecha e izquierda por el futuro inmediato del país. Como señalara Joseph Schumpeter en 1942, la esencia de una contienda democrática se da combinando no sólo elecciones libres y justas sino, además, plataformas que impliquen diferencias no sólo de candidatos sino de políticas. Desde esta perspectiva, la de 2006 fue lo más cercano que México ha estado nunca de una democracia política efectiva. Y ese fue justamente el gran problema.[4] Precisamente porque desde muy pronto las encuestas indicaron que la izquierda con López Obrador a la cabeza tenía muchas posibilidades de ganar, Vicente Fox en unión abierta y explícita con el PRI, intentó en el 2004 anular esa candidatura mediante el desafuero del entonces jefe de Gobierno del Distrito Federal. Cuando una gran movilización social hizo fracasar ese intento, entonces se uso todo el poder de la Presidencia para desacreditar al personaje. A su vez, el PAN y los poderes fácticos echaron toda la carne al asador —especialmente mediante una bien diseñada campaña de miedo— para evitar la victoria de López Obrador y asegurar la continuidad colocando a Calderón en la Presidencia. Finalmente, por esa misma razón se negó lo que en otras latitudes en circunstancias similares

17

hubiera sido el sello de legitimidad incuestionable: ante lo cerrado de los resultados electorales, el recuento de los votos.

En suma. Lo que hoy tiene México es una oposición desafecta aunque no violenta. Esta actitud de la izquierda es producto de su experiencia en su dura lucha contra el sistema autoritario mexicano y que hoy se traslada a su enfrentamiento con la derecha en el poder. Esta derecha, por su parte, mantiene una actitud y lenguaje reminiscentes de una etapa supuestamente superada, la de la guerra fría. Y aquí viene bien a cuento la hipótesis de John Lewis Gaddis, profesor de Yale: una de las consecuencias de la guerra fría en Estados Unidos fue desarrollar una peligrosa doble moral: lo que no era éticamente aceptable como parte del juego político interno sí lo era fuera; en nombre de una defensa de los "valores occidentales" se permitió emplear con sus adversarios conductas que negaban esos valores.[5] Algo muy parecido ha ocurrido en la lucha política mexicana actual: en defensa de la democracia la derecha sacrificó el principio de *fair play* en la contienda electoral, algo que no es precisamente la mejor vía para consolidar una democracia recién nacida y sin ningún precedente en la historia mexicana.

El Colegio de México, abril de 2007

LA AGENDA INTERNA

INVENTARIO DEL FOXISMO

El desperdicio de una oportunidad histórica

En México todo viejo régimen tarda mucho, demasiado, en morir. Nuestro país dejó de ser colonia en 1821, pero las relaciones de poder entre las clases sociales siguieron siendo las mismas por un siglo más. Porfirio Díaz cayó en 1911 pero la estructura latifundista —la característica central de su régimen— sobrevivió hasta que Lázaro Cárdenas le puso fin un cuarto de siglo después. Algo similar ocurre hoy: formalmente el régimen autoritario del PRI llegó a su fin a partir del año 2000, pero en la realidad sigue vigente en áreas clave de nuestra vida pública.

Muchos de nuestros actuales problemas políticos se pueden explicar por la persistencia de conductas y actitudes forjadas en la vieja antidemocracia. Y para comprobarlo no tenemos más que volver la vista a la persistencia de la corrupción pública, a la resistencia al cambio de estructuras, a la imposibilidad de modificar las estructuras sociales, a la persistencia del sindicalismo espurio, etcétera.

La Presidencia es una institución con responsabilidades en la mayoría de los asuntos relevantes de la vida pública: desde la conducción de la política exterior hasta el funcionamiento del correo. Sin embargo, un examen histórico de las presidencias muestra que la atención y energía del personaje que ocupa temporalmente el cargo apenas se ha concentrado en un puñado de temas; el resto ha quedado a cargo de la burocracia. Las razones de esa concentración de la atención y energía presidenciales son las circunstancias y los intereses y prejuicios del mandatario en turno. Para Benito Juárez, las prioridades le fueron impuestas por eventos imposibles de controlar: las guerras civil y externa. Para Lázaro Cárdenas, lo importante fue lograr la modificación de la estructura social por la vía de la reforma agraria. Para Miguel Alemán, lo sustantivo fue inclinar el peso del gobierno en apoyo al gran capital para modernizar al país y para hacer negocios personales. La historia de los sexenios se puede hacer alrededor de los dos o tres temas que acapararon la atención y energía de cada administración.

En el año 2000, Vicente Fox y el PAN se enfrentaron a un aparato priísta que disponía de una larga tradición en manipulación y fraude, además de considerables recursos económicos legales e ilegales. Sin embargo, Fox pudo imponerse por una combinación irrepetible de circunstancias: el desprestigio acumulado por el PRI, la falta del voluntad de su "jefe nato", Ernesto Zedillo, para volver a intentar imponer por la fuerza lo que no se había ganado en las urnas, el entusiasmo por el PAN de una parte importante de los poderes fácticos, el gran capital, recursos importantes provenientes de ese sector vía los Amigos de Fox y, finalmente, una buena dosis de intensidad inyectada por el candidato neopanista gracias a un discurso desbordante de optimismo, estridente y desusado cuyo blanco era la corrupción histórica del PRI y su objetivo, una nueva moral pública.

En suma, al concluir el siglo XX la poderosa pero desmoralizada maquinaria del PRI fue derrotada por la combinación de la voluntad democrática con una "contramaquinaria" armada por los foxistas, es decir, administradores de empresas privadas metidos a políticos. El voto útil que parte de la izquierda dio entonces a Fox se explica porque la emoción generada por la proximidad del fin del autoritarismo desbordó las viejas reticencias ideológicas de los progresistas frente al PAN.

El primer sexenio de la democracia mexicana, presidido por Vicente Fox, fue el de la gran oportunidad para encauzar por la vía electoral el descontento acumulado como consecuencia de la vieja y creciente inequidad en la distribución de cargas y recompensas en la sociedad mexicana. Sin embargo, la imprudencia o voracidad de la Presidencia —la idea de que Fox fuera sucedido por su esposa— y, sobre todo, el no poner los valores democráticos por encima de los intereses de clase o grupo y la falta de visión de largo plazo del grupo gobernante parecieran haber acabado con la posibilidad de canalizar por el camino correcto a la aún embrionaria y no consolidada democracia política mexicana.

En un ambiente de crecimiento económico marcado por la mediocridad desde hace casi un cuarto de siglo y donde la concentración del ingreso sigue el patrón estadunidense —10% de los más afortunados se quedan con las dos quintas partes del ingreso disponible y 10% de los menos afortunados con menos de dos décimos—, era fundamental darle una oportunidad electoral real a los perdedores sociales de siempre para garantizar su lealtad al supuesto "nuevo orden".

Al despuntar la democracia política hubo la posibilidad de crear y afianzar en el "México profundo" la idea de que, a diferencia del sistema económico, el político no tenía como

23

objetivo central mantenerlos controlados y excluidos. Un verdadero apego a las reglas y al espíritu democrático pudo haber logrado que, pese a todo, los que han sido dejados socialmente atrás, comprometieran su lealtad con el arreglo político institucional vigente, pues quedaría claro que ya no eran vistos por los poderosos como irrelevantes o como "clases peligrosas".

Una vez que el nuevo equipo se acomodó en la Presidencia, anunció numerosas reformas. Sin embargo, una combinación de impericia, resistencias y falta de voluntad, hizo perder el impulso al cambio. Debió ser en algún momento de 2002 o de 2003, cuando los flamantes ocupantes de Los Pinos decidieron que su verdadero proyecto transexenal no debía ser el cambio sustantivo, sino que los esfuerzos del gobierno, en unión con algunos de los poderes de facto, deberían dirigirse a algo más factible y redituable a nivel personal, de grupo e ideológico: impedir la alternancia un sexenio más y preservar el poder del gobierno federal dentro del círculo panista (y de sus numerosos aliados priístas) y, sobre todo, de los grandes intereses económicos que simpatizaban y sostenían a dicho círculo.

En México las bases sociales de la derecha —los sectores medios— son casi raquíticas y para 2003 la izquierda ya había logrado una penetración significativa entre las mayorías pobres, y por ello había una alta probabilidad de que en 2006 las urnas le dieran la responsabilidad de dirigir la siguiente etapa sexenal a la izquierda. Un cambio de esa naturaleza hubiera desplazado al PAN de los puestos de la alta burocracia federal, pero difícilmente hubiera puesto en peligro los intereses centrales y de largo plazo del gran capital nacional y extranjero, de la Iglesia católica o de la clase media, como ha quedado claro en casos como los de Chile, Brasil o Uruguay, porque el sistema económi-

24

co mundial imperante sólo permite adecuaciones, pero de ninguna manera aceptaría como viable un cambio del modelo económico.

Una derecha realmente moderna, no monopólica y con confianza en sí misma y en su visión del mundo, no tendría por qué temer a un posible triunfo electoral de la izquierda y, en cambio, hubiera podido usar esa coyuntura para solidificar el compromiso de la izquierda y de las mayorías populares con las instituciones de la "democracia burguesa". Una derecha inteligente y con visión de largo plazo hubiera sabido sacar provecho del juego de las elecciones efectivas, pues la incertidumbre inherente al juego electoral está más que compensada por la certidumbre que da lograr que las mayorías pobres acepten la legitimidad de las reglas de un capitalismo inclemente y voraz, pero, a la vez, respetuoso del orden jurídico. De haber habido en México un conservadurismo ilustrado, quizá no hubiera habido la clase de problemas políticos que hoy dominan la escena mexicana porque el IFE hubiera sido transparentemente imparcial y el presidente o el Consejo Coordinador Empresarial no hubieran actuado de la manera escabrosa como lo hicieron.

Una derecha que realmente confiara en su sociedad hubiera visto con cierto alivio que la izquierda relevara al PAN en la conducción del país y se enfrentara a la dificultad de hacer realidad las políticas redencionistas de su propio discurso opositor. Por otra parte, para esa izquierda el triunfo en las urnas hubiera sido ganar "la rifa del tigre", pues no es otra cosa el gobernar un país con casi la mitad de su población clasificada como pobre, con una economía que lleva ya más de dos décadas de no poder superar su crecimiento, cuyo promedio anual es de apenas 0.7%, con una demanda insatisfecha de

25

empleo que se refleja, en parte, en la explosión del mercado informal y la migración hacia Estados Unidos. Ese tigre es el combate a una corrupción endémica, a un crimen organizado en ascenso y a una serie de redes de narcotraficantes que una y otra vez ha rebasado al gobierno.

Tarea de Hércules es lograr fortalecer un fisco que apenas si consigue recaudar 12% del PIB y que, por tanto, tiene que extraer recursos de un PEMEX cada día más agotado, al punto que está llevando a la muerte a la gallina de los huevos de oro. También difícil es tener que enfrentar a los grandes monopolios que el Banco Mundial responsabiliza de la pobreza, la mala distribución del ingreso y de la falta de competitividad global de México. Si esa derecha inteligente hubiera existido, no se habrían cargado de manera tan evidente los dados electorales y se hubiera acelerado el cambio para asegurar la lealtad de los menos beneficiados a las instituciones y a las reglas donde finalmente el gran capital tiene enormes ventajas estructurales.

Vicente Fox, a pesar de encabezar lo que parecía ser un cambio histórico de régimen, no supo o no quiso articular ningún gran discurso, pese a que la democracia le hubiera dado materia de sobra. Incluso sólo lograr la consolidación de la democracia política ganada en el 2000 al autoritarismo priísta debió haber sido el rubro que concentrara el grueso de su atención, tiempo y energía. En el inicio, y no sin contradicciones, pareció empeñado en hacer justamente lo que se esperaba de él, pero luego cambió. Al final, el primer presidente panista se limitó a instalarse en lo que había sido lo suyo como manager de una gran empresa (Coca Cola): el marketing, los spots y el rating.

El eterno combate a la pobreza

Desde una perspectiva de largo plazo, no hay nada más importante que reafirmar el compromiso de persistir en la hasta hoy infructuosa, pero irrenunciable, batalla de México contra lo que ha sido parte de una indeseable esencia: la pobreza masiva. Históricamente, la sociedad mexicana está muy marcada por la forma en que sus clases dirigentes han generado, sostenido, justificado y finalmente enfrentado, sin éxito, a la pobreza y a la desigualdad extremas. México no podrá considerarse una auténtica sociedad nacional, mientras no logre vencer a ese viejo enemigo que lo ha acompañado a lo largo de toda su historia.

Por siglos, en Occidente y en otras civilizaciones, la pobreza extendida fue vista como parte del orden natural. Algo sobrevive de esa visión, pero hoy la explicación dominante es ya la opuesta: el infortunado binomio miseria y desigualdad no es algo inevitable; sus causas son sociales, por lo que se puede actuar para modificarlas.

Justamente al inicio de nuestro nuevo siglo, un conjunto de 188 países se propusieron alcanzar en el año 2015, dentro del marco de las Naciones Unidas, las llamadas "Metas de Desarrollo del Milenio". La primera y más importante es la erradicación de la pobreza y el hambre. Seguramente el fin buscado no se logrará en la fecha deseada, pero lo importante es que su búsqueda esté avalada ni más ni menos que por el Banco Mundial (BM), una institución que refleja bien las posiciones de Estados Unidos, la potencia mundial dominante. Se trata, al parecer, de una decisión tomada al más alto nivel, para combinar la economía de mercado con "políticas públicas" encaminadas a limar las peores e inevitables asperezas sociales que

27

la acción de ese mercado produce. Es una admisión implícita de algo que fuera del BM se sabía desde hace tiempo: por sí sola, la famosa "mano invisible" del mercado no produce bienestar para todos.

Cualquiera sabe quién es pobre con sólo verlo, pero no está de más una definición. Al hacer su estudio sobre Indonesia en el 2001, el BM señaló: "La pobreza es una idea: una idea política y social que refleja las esperanzas y aspiraciones de una sociedad. La pobreza es lo que esperamos eliminar". Estupenda definición, pero si se requiere una más formal, entonces se puede recurrir a la del informe del propio BM sobre México: "la carencia de lo que una sociedad considera como el mínimo básico en términos de la gama de dimensiones que constituyen el bienestar". Esta última tesis introduce el carácter relativo e histórico del término, pues se le hace depender de la sociedad y de la época. En cualquier caso, la carencia relativa tiene efectos morales, pues la pobreza propicia una mengua de la autoestima, de la imagen que el individuo tiene de sí mismo. Con frecuencia, esto es su elemento más dañino y el motivo definitivo para combatirla.

Una manera de empezar a entender la naturaleza del problema es enfrentar al mundo de las cifras. El expresidente Vicente Fox declaró en su momento que la pobreza extrema había disminuido de manera notable bajo su gobierno. Pero la otra cara de la medalla se tiene al examinar la distribución del ingreso; de acuerdo con cifras del BM, en México 10% de los más acomodados recibe 43.1% del ingreso total disponible en tanto que 20% de los más pobres sobrevive con apenas 3.1% de ese ingreso.

La desigualdad se puede medir de muchas maneras. Un indicador interesante es la educación formal. Desde la época clásica, se consideraba que la educación era un buen instrumento para disminuir la desigualdad social. La sociedad justa era la que daba a todos los jóvenes las mismas oportunidades de educación, de manera que, en principio, todos tengan la posibilidad de labrarse un lugar en la sociedad en función de sus menores o mayores capacidades y esfuerzos individuales. En México, y según datos del Banco Mundial, 10% de los mexicanos más acomodados tiene, en promedio, cuatro veces más educación formal que 10% de los más desafortunados. Si a lo anterior se le agrega la calidad, entonces la educación entre nosotros es un factor más de desequilibrio.

En buena medida, la pobreza masiva es resultado directo o indirecto de decisiones políticas, y esto se hace evidente si se toma como definición de política la propuesta por David Easton: "la asignación de valores por la vía del ejercicio de la autoridad pública". Y toda estructura de autoridad pública, lo mismo que sus reglas y valores, es resultado del juego de poder. Por tanto, a ella está estrechamente ligada la pobreza.

En México, la pobreza y la desigualdad son fenómenos históricos, que se han reproducido de generación en generación. Ya la estructura social prehispánica era notoriamente inequitativa, y la colonial fue tan o más brutal en su división entre poderosos y sin poder. Sin embargo, la catástrofe demográfica del siglo XVII y la disrupción en la distribución de la tierra en favor de los conquistadores y sus descendientes, la introducción de la economía de mercado y tipos inéditos de trabajo, como las minas, los obrajes y las plantaciones, crearon la pobreza en el sentido moderno, occidental.

Los pobres coincidieron entonces con la masa indígena, pero no exclusivamente, lo compartieron con una buena parte de esos cuyo lugar social no estaba pensado: los mesti-

29

zos. Y es aquí donde viene a cuento la observación "objetiva" de un observador extranjero particularmente bien capacitado para ello: Alexander von Humboldt. En su *Ensayo político sobre el reino de la Nueva España*,[1] el prusiano señala, citando al obispo santanderino fray Antonio de San Miguel, que

> la población de la Nueva España se compone de tres clases de hombres, a saber: de blancos o españoles, de indios y de castas. Yo considero que los españoles [peninsulares y criollos] componen la décima parte de la masa total. Casi todas las propiedades y riqueza del reino están en sus manos. Los indios y las castas cultivan la tierra; sirven a la gente acomodada y sólo viven del trabajo de sus brazos. De ello resulta entre los indios y blancos esta oposición de intereses, este odio recíproco que tan fácilmente nace entre los que poseen todo y los que nada tienen, entre los dueños y los esclavos [...]

Humboldt también advirtió que la desigualdad mexicana era extrema, incluso mayor que las de otras partes del imperio español en América. Así, señala:

> [...] cuando se consideran separadamente las fortunas de algunos particulares, me inclinaría a creer que ha habido un bienestar más verdadero en Lima que en México, porque allí es mucho menor la desigualdad de fortunas.

En suma, de 6 millones de habitantes de la Nueva España, 600 mil concentraban la riqueza y casi todo el resto, la pobreza.

El siglo XIX ni quiso, ni pudo, ni supo qué hacer con los pobres. En 1906, Andrés Molina Enríquez señaló que la característica del cuerpo social mexicano era lo grotesco: extremidades enormes (los pobres), tórax de enano (la clase media) y cabeza minúscula (la oligarquía).[2]

La Revolución mexicana fue el primer movimiento político que puso a la pobreza y a su combate, como su razón de ser y la justificación de su violencia contra el antiguo régimen. Nadie mejor que un caudillo popular revolucionario como Francisco Villa para presentar el punto según lo dictado en 1914 a un colaborador, Luis Aguirre Benavides. El caudillo norteño inició su relato autobiográfico presentándose como uno más

> [...] de los infortunados niños que nacen en la gleba, que ahí se desarrollan, que ahí en los surcos y entre los matorrales reciben las primeras impresiones de la existencia, no es una alborada risueña de la vida: es ya la lucha, la lucha que se presiente, la lucha que se avecina y que fatalmente ha de coger entre los infinitos engranajes de su complicado mecanismo esos organismos mal nutridos y esos intelectos atrofiados y esos instintos mal dirigidos, que nacen y viven y mueren dentro del infierno continuo de la servidumbre y de la abulia.[3]

Es esa miseria producto de la injusticia lo que, aseguró Villa, le lanzó a la lucha y a un esfuerzo por ponerle fin mediante el uso de instrumentos políticos.

Para cuando la Revolución concluyó, en 1940, José Iturriaga, en el primer esfuerzo académico por medir el avance del movimiento de 1910 en la lucha contra la pobreza masiva, señaló que la velocidad del cambio no era la deseable pero que su dirección era la correcta: la densidad de las clases altas y populares no había cambiado mucho entre el viejo y el nuevo régimen, pero la novedad era que las clases medias mexicanas se habían duplicado al pasar de 7.78% en 1895 a 15.87% en 1940.[4] El optimismo de Iturriaga se confirmó hasta 1982, pero a raíz de la crisis del modelo económico que tuvo lugar entonces, la situación cambió y se reinició el aumento de la pobreza y de la concentración del ingreso (el decil más alto pasó de tener 38.05% en 1984 a 48.93% en 1989). La clase media perdió espacio.[5]

Es posible que en los últimos años la tendencia al aumento en la pobreza en México se haya revertido un tanto, lo mismo que la desigualdad en la distribución del ingreso,[6] pero no en la proporción que el sentido de la equidad y de nuestra propia historia demandan.

La clase política mexicana pareciera estar hoy dedicada a consumir su energía en sus propios asuntos, sin responder a las demandas sociales de fondo. La lucha entre los profesionales de la política dentro de cada partido y entre los partidos —una disputa que ya es feroz, pero que amenaza con serlo aún más— no ha dejado el espacio necesario para la discusión y reflexión en torno a los grandes problemas nacionales. Sin embargo, es evidente que la mala conducción política, el mal desempeño de la economía en materia de crecimiento en los últimos cuatro sexenios y la resistencia del actual modelo de mercado a la creación de empleos formales no permiten ser optimistas con respecto a las posibilidades de ganarle terreno de manera significativa a uno de los principales enemigos históricos de México: la pobreza y la desigualdad. Y sin embargo, hay que insistir e intentarlo, pues el futuro de nuestra democracia estará en la cuerda floja mientras persista la oposición entre la igualdad teórica en el terreno político y el cúmulo de carencias y la notable desigualdad en el terreno de lo social.

A estas alturas y para sociedades como la nuestra, la gran cuestión es saber si es posible salir y cómo de la condición de marginalidad o subdesarrollo en que la historia nos colocó, al menos desde el siglo XVI. La mayoría de los países que conforman el sistema internacional actual pueden ser clasificados como pobres. Prácticamente todos ellos han vivido en esa condición en el pasado y no hay signos que nos permitan suponer que la mayoría pueda dejar de serlo en el futuro previsible. En la perpetuación de esta condición de pobreza relativa, pareciera funcionar una especie de maldición histórica: sólo a un puñado de aquellas sociedades nacionales que no tuvieron la oportunidad de convertirse a tiempo en centros dinámicos del capitalismo, le será dado superar su condición actual de marginalidad. Las fuerzas de la globalización económica operan en el sentido de mantener, sino es que de acentuar, la actual división entre pobres y ricos.

Examinando la dinámica del actual sistema económico mundial, es viable suponer que China o la India podrán romper en algún momento del siglo XXI el círculo vicioso en que les metió la historia. Ambos gigantes asiáticos tienen buenas posibilidades de volver a ingresar al grupo de los ganadores —alguna vez fueron sede de prósperos imperios—, pero desde aquí la gran pregunta es si México también podrá hacerlo. Ha pasado ya casi un cuarto de siglo desde el gran desplome de la economía mexicana y, como país, seguimos sin encontrar la salida del laberinto del estancamiento en que entonces nos metimos. Evidentemente, no podemos dejarnos ganar por el desaliento, pero tenemos la obligación de ser realistas en relación con nuestras posibilidades de colocarnos en el ciclo virtuoso del desarrollo sostenido, pues éstas son ya muy pocas y nuestras elites dirigentes no parecen tener conciencia de la magnitud de su responsabilidad histórica.

Hace casi 40 años fue en Biafra como resultado de una guerra civil, luego Etiopía, por la misma causa, y ahora le tocó el turno a Níger, una república africana, al sur de Argelia, sin salida al mar y formalmente democrática desde hace seis años. Una parte de sus poco más de 12 millones de habitantes se está muriendo de hambre. Las primeras víctimas son los niños, luego los ancianos y al final el resto. ¿Cuáles son las causas de esta concentración de males como el hambre, la desnutrición o el estancamiento económico prolongado en unas zonas del planeta y no en otras? Jared Diamond, un fisiólogo y geógrafo que no se arredra ante las grandes preguntas, intentó una compleja respuesta que parte del supuesto que la inteligencia está igualmente distribuida en todos los continentes, etnias y épocas. En un libro ganador del premio Pulitzer,[7] Diamond extiende su mirada a los últimos 13 mil años para responder a la sencilla pregunta que hace mucho le hizo un indígena de Nueva Guinea: ¿por qué los blancos tenían más bienes materiales que los nativos si, finalmente, no eran más inteligentes unos que otros? La respuesta, tentativa, desde luego, la centra Diamond en cuatro conjuntos de factores ambientales y sus efectos a través de los milenios. Esos factores, en particular la latitud de la gran masa euroasiática, le dieron a esa región una enorme delantera en diversidad biológica y, por tanto, en plantas y animales factibles de domesticar, lo que le permitió alimentar una mayor población. Eso, y la ausencia de grandes accidentes geográficos, facilitó el flujo migratorio y el intercambio cultural, todo lo cual con el correr de los milenios devino en una ventaja en materia de organización y armamentos que al final le permitió a Europa y sus extensiones en otros continentes —notablemente a Estados Unidos— convertirse en el centro del sistema de dominación mundial, posición que mantiene hasta la fecha, aunque quizá pronto la tenga que compartir con sus vecinos asiáticos: China y la India.

En el siglo XIX, y como una variante de la idea europea del progreso, el socialismo anunció que la superación del capitalismo a nivel mundial era tan justo como inevitable. Ello permitiría en un futuro impreciso pero seguro reordenar racionalmente al conjunto social planetario de manera que desaparecería no sólo el imperialismo sino la explotación misma del hombre por el hombre, y con ella la dominación y la oposición entre pobres y ricos. Se daría inicio a la verdadera historia humana, una donde el "reino de la necesidad" quedaría sustituido por otro donde la naturaleza sería dominada y cada ser humano dispondría de los recursos para desarrollar, en libertad y por primera vez, todas sus potencialidades.

El optimismo decimonónico se fue perdiendo como resultado de la brutal confrontación con la realidad, al punto que hoy apenas si quedan trazas de la utopía. Ya nadie se empeña en sostener que es posible acabar con la histórica división entre ganadores (pocos) y perdedores (muchos) y, menos, trascender el "reino de la necesidad". Hoy, la utopía es tan modesta que apenas si es utopía: disminuir la pobreza, auxiliar a las víctimas de las hambrunas, moderar el ritmo de destrucción del medio ambiente y alejar la relación entre las naciones de la lucha propia del "estado de naturaleza".

A pesar de que la meta deseable del siglo XXI es muy modesta, parece casi imposible de alcanzar. De los documentos y declaraciones de las grandes organizaciones mundiales, tales como Naciones Unidas o el Banco Mundial (BM), se desprende que la política deseable sólo consiste en reducir —no en revertir— las tendencias actuales, esas que están haciendo que los ricos sean cada vez más ricos y que los pobres sean cada vez más pobres, lo mismo dentro de cada país como entre los países. En sí misma, la demanda se basa tanto en el concepto universal de justicia como en la necesidad de evitar que la frustración de los perdedores de siempre se convierta en violencia contra los ricos. Sin embargo, pese a lo legítimo del objetivo, los mecanismos que hoy rigen a la economía global hacen casi imposible lograrlo, al menos eso es lo que se desprende de las cifras y del análisis de Branko Milanovic, un economista y funcionario del BM.[8]

Milanovic usa a fondo los bancos de datos del BM sobre el ingreso de los hogares y de su distribución en el mundo, y termina por dar apoyo, aunque no lo quiera, a quienes sostienen una visión pesimista sobre la relación entre la justicia y la equidad y la naturaleza del desarrollo actual.

Según las cifras del BM —una organización que funciona según las reglas del capitalismo, pero ilustrado, si es que tal cosa existe— en el 2001, mil 100 millones de personas —20% de la población mundial— tenían que arreglárselas con ingresos promedio equivalentes a lo que se podía adquirir en Estados Unidos con un dólar diario. En total 2 mil 700 millones de personas sobrevivían con el equivalente a dos dólares o menos, al día. En 2004, según las agencias especializadas de las Naciones Unidas, 852 millones de personas sufrían de hambre crónica y casi la mitad de la población infantil mundial experimentaba alguna carencia elemental que incidía negativamente en sus posibilidades de desarrollo.

De acuerdo con Milanovic, si se toma el ingreso promedio per cápita de Brasil —casi el mismo que el mexicano— como

el límite abajo del cual se vive en la pobreza, resulta que 77%
de la población mundial es pobre. El capitalismo global —la
lógica del mercado que funciona a plenitud desde la desaparición de la URSS— apenas ha permitido que 16% de la humanidad tenga niveles de vida superiores al promedio del ingreso
per cápita que se tiene en Portugal; ésos son los ricos. En vista
de lo anterior, aquello que se puede llamar la clase media —esa
que en la sociología clásica del desarrollo se considera la base
fundamental de una sociedad ordenada y digna— apenas
abarca a un magro 7% de la población mundial.

En términos relativos, el número de pobres aumenta
y la clase media apenas si se nota, pero los ricos, con ser pocos,
vaya que sí se notan. El año pasado había en el mundo 587 mil
millonarios, la suma de cuyos capitales era de 1 billón 900 mil
millones de dólares; cantidad equivalente a la que se necesi-
taría para contratar por un año a mil millones de trabajadores
de las partes más pobres del mundo. Nunca en la historia de
la humanidad, tan pocos habían dispuesto del trabajo de tantos.
La teoría económica clásica, la de Adam Smith, sostiene que
en un mercado global y con el correr del tiempo, el capital mi-
gra de los países ricos, pero con tasas de interés bajas, a los países
pobres; pero con tasas de interés altas y, en el largo plazo —y
sin hacer caso del dictum de Keynes, que en largo plazo todos
estaremos muertos— la distancia entre sociedades ricas y pobres se hará insignificante. Hasta hoy, la realidad pareciera no
haber tomado en cuenta tan optimista teoría del capitalismo,
y los que eran ganadores hace siglos siguen siendo ganadores
hoy. Según Milanovic, de 1820 a la fecha, la distancia entre los
países ricos y los pobres se ha más que duplicado.

Es verdad que en China, el país más poblado del mundo —mil 600 millones de habitantes—, el crecimiento econó-

mico actual es sorprendente, pero también lo es la brecha creciente que separa a los más pobres, especialmente campesinos, de los nuevos millonarios de un país que, formalmente, es socialista. Ni qué decir que las cifras del INEGI en México muestran lo mismo: que los más afortunados siguen ganando terreno a expensas de los que se encuentran en el otro extremo del espectro. Y lo mismo ocurre en Estados Unidos.

A partir de la Independencia, el proyecto nacional mexicano fue sacar al país de la marginalidad en la que le había colocado su centenario estatus como colonia de Europa y convertirlo en una potencia o, cuando menos, en un país respetable y respetado. Para José María Morelos, el proyecto también incluía como parte central disminuir la brecha entre ricos y pobres. Con la República restaurada, el Porfiriato y luego con la posrevolución, se tuvo la sensación de que, al menos en parte, ese proyecto se estaba cumpliendo, al punto que a partir de 1960 se llegó a hablar, sin ironía, del "milagro económico mexicano". Sin embargo, hoy ese optimismo casi ha desaparecido y su lugar lo ocupa un vago sentimiento de fracaso colectivo, que a su vez es producto de la gran promesa incumplida del neoliberalismo mexicano: que la privatización y el Tratado de Libre Comercio de la América del Norte significaban intercambiar al nacionalismo económico por una dinámica de integración con Estados Unidos, que aseguraría un crecimiento igual o superior al que se había tenido en la época de oro del "desarrollo estabilizador", es decir, un crecimiento promedio del PIB por encima de 6% anual.

El gran tema de México no puede ser otro que la urgencia de recuperar el ritmo de crecimiento y las condiciones mínimas de equidad entre las clases. Ésa es la cuestión de nuestro tiempo, la única verdadera gran cuestión: cómo lograr que México sea parte de ese puñado de países que pueden tener éxito en su esfuerzo por sacudirse la maldición histórica, y dar el gran viraje en su proceso de desarrollo. La desigualdad extrema ha acompañado a México por siglos. La continuidad de esa gran desigualdad, pese a que la Revolución mexicana se propuso combatirla, demuestra lo hondo de su raíz. La nuestra fue y sigue siendo una sociedad montada en una profunda diferencia entre la parte superior y la inferior de la pirámide social.

En un informe que presentó el Programa de Naciones Unidas para el Desarrollo, se califica a nuestro país como uno de los menos equitativos del mundo. Así, mientras Vietnam es puesto como un ejemplo en la erradicación de la desigualdad, México lo es de lo contrario: de su persistencia.[9] La desigualdad extrema ha acompañado al país por siglos, y hasta ahora nada indica que *México* y *pobreza* dejen de ser sinónimos.

¿Pensión al sistema de pensiones?

Un problema apenas asumido durante la administración foxista fue replantear la forma y contenido de todas las pensiones y servicios que otorga el Estado. Lo anterior requiere presentar una buena opción, decidirse a afectar intereses creados y, sobre todo, plantear bien el problema, para generar apoyo ciudadano a la reforma. En el decenio de los años cuarenta del siglo pasado, cuando nació el Instituto Mexicano del Seguro Social (IMSS), el grupo de mexicanos de 65 años o más no llegaba a ser ni 3% de una población de poco más de 20 millones, en tanto que los menores de 15 años —los trabajadores del futuro— superaban 40%. México era un país de jóvenes, con una esperanza de vida al nacer que apenas reba-

39

saba los 40 años. En esas circunstancias, dar forma a un sistema de pensiones generoso para aquellos empleados en la economía formal —una minoría en un país rural— a través del IMSS fue una decisión que tuvo bajos costos, pero generó un buen capital político al régimen. Seis decenios más tarde, ese arreglo ya es muy difícil de mantener y será imposible para el año 2050, pues entonces no sólo habrá 132 millones de mexicanos, sino que 25% de ellos tendrá 65 o más años de edad —muchos podrán jubilarse—, pero su esperanza de vida superará los 80 años, en tanto que la siguiente ola de contribuyentes, los menores de 15 años, serán apenas 15 por ciento.

Hoy, el sistema público de pensiones de México está en tan malas condiciones que hace ya tiempo que se le debería haber jubilado y sustituido por otro más adecuado a la realidad presente y por venir. En realidad, esa sustitución ya está en proceso, pero no en la forma ni a la velocidad que demandan la sensación de urgencia y el sentido de justicia.

De tiempo atrás, actuarios, demógrafos y otros profesionales en el campo de los sistemas de retiro vienen advirtiendo que la discusión del sistema público de pensiones debe entrar en la agenda de los grandes problemas nacionales y en uno de los primeros lugares. Los que hoy suenan la alarma advierten que desde hace tiempo los números simplemente no cuadran, y que en poco tiempo México —como otros países— no va a poder hacerle frente a un problema mucho mayor que el creado por el Fobaproa o el IPAB. En efecto, si hoy la deuda del IPAB representa 11% del Producto Interno Bruto (PIB), el déficit del sistema de pensiones del IMSS equivale casi al triple. Y si se toma el total comprometido por todo el sistema de pensiones (ISSSTE, PEMEX, CFE, etcétera), ese monto ya supera el valor anual del conjunto de los bienes y servicios producidos en el país. Y eso no es lo peor, sino que, de no tomarse ya medidas para resolver el problema, el déficit va a seguir en su carrera ascendente hasta desembocar en una bancarrota total.

Fue en el sector militar donde se inició el sistema de retiro y pensiones. Ya los legionarios romanos, tras años de servicios al imperio, podían esperar un buen sistema de retiro. La Europa que vio nacer al Estado moderno tuvo que adoptar la misma lógica. El actual sistema de pensiones civiles es algo más reciente, es una criatura del Estado benefactor, es decir, de la necesidad de los gobiernos de la revolución industrial de ofrecer concesiones a las clases trabajadoras a cambio de no escuchar llamados a la revolución. Fue en la Alemania de Otto von Bismarck donde se estableció el primer sistema moderno que aseguraba un ingreso mínimo al trabajador en su vejez o incapacidad; ese fondo de pensión surgió de una contribución del propio trabajador y del patrón en sus años productivos, con el Estado como vigilante y contribuyente.

En el México del siglo XIX, mientras que el sostén de los viejos —un grupo numéricamente insignificante— correspondía básicamente a la familia, una minoría de artesanos y obreros empezó a organizar "mutualidades". Por su parte, el puñado de instituciones públicas o privadas que funcionaban como asilos eran usadas tanto por los pobres de la pequeña clase media como los pobres en general.

Con el cambio de régimen producto de la Revolución mexicana, el Estado debió asumir una mayor responsabilidad en esta materia. Primero lo hizo con sus propios trabajadores, así que en 1925, se creó la Dirección de Pensiones Civiles de Retiro para atender a la burocracia (en 1959 se transformó en el ISSSTE). Al inicio de la posrevolución, en 1943, y remontando una oposición significativa de empresarios y de ciertos sec-

41

tores obreros, se estableció el IMSS que sentó las bases para un sistema nacional de pensiones que, sin embargo, no abarcó a todos los mexicanos, ni siquiera a la mayoría, sino sólo a los ocupados en el sector de la economía formal. Pese a que las pensiones del IMSS no fueron las más generosas —ésas correspondieron a los propios empleados del IMSS, a los de PEMEX, a los del Banco de México, de la CFE e instituciones similares— crearon un sistema de privilegio frente a los trabajadores en la agricultura o en el sector informal.

Durante un buen tiempo, el sistema funcionó y fue uno de los pilares de la estabilidad del México autoritario del siglo XX. Sin embargo, ese sistema de pensiones ha pasado de ser factor de estabilidad a ser fuente de tensión e inseguridad. Así se reconoce, por ejemplo, en la Declaración de la Primera Convención Nacional Hacendaria, del 17 de agosto de 2004, al señalar:

> Los sistemas de pensiones están en una situación de riesgo latente pues su déficit actuarial, en conjunto, ha alcanzado cifras equiparables al total del producto interno bruto, lo que presionará las finanzas nacionales de manera creciente y limitará, en caso de no responder de manera efectiva, la capacidad del Estado de atender su mandato fundamental en la protección social y la promoción económica.

Si un asegurado del IMSS durante 35 años aporta 8% de su salario y se retira a los 65 años de edad con una pensión igual a 50% de su último sueldo, su aportación nominal habrá sido el equivalente al sueldo recibido a lo largo de 34 meses. Lo anterior significa que al retirarse, ese asegurado le habría dado al IMSS lo ganado a lo largo de casi tres años de su vida en la fuerza de trabajo, pero a cambio contaría con atención médica y un ingreso mínimo, pero seguro por el resto de sus días. En el inicio, ese arreglo debió de haber sido muy útil para el Estado, pues pocos trabajadores llegaban a los 65 años y aún menos sobrevivían más allá de esa edad y, en cualquier caso, no por mucho tiempo. Sin embargo, gracias a la ciencia y a los propios servicios de salud del Estado, las cosas han cambiado y quien hoy se retira a los 65 años puede confiar en vivir por lo menos otros diez años y con frecuencia más. En esa primera década de retiro, el pensionado recibirá el equivalente a 300% de su contribución original; ese extra alguien tiene que pagarlo. Ese alguien es el trabajador en activo y los impuestos de todos, incluidos los de aquellos que nunca recibirán pensión. Y es aquí, en la base misma del sistema, donde está el problema práctico —los recursos— y una injusticia sustantiva que aumenta con el tiempo. En el 2003, el IMSS, por ejemplo, recibió 1.3 mil millones de pesos en cuotas y aportaciones pero tuvo que erogar a favor de sus asegurados 18 mil millones; la diferencia fue cubierta por recursos públicos; y el ISSSTE se encuentra en una situación análoga.

Es posible que si lo aportado por los trabajadores y lo aportado por los patrones y el gobierno en los decenios pasados se hubiera invertido sólo en el sistema productivo, y si la economía en vez de detener su crecimiento en 1982 lo hubiera continuado al ritmo de los años anteriores —a 6% anual—, quizá hoy el IMSS tuviera los recursos para hacer frente a las demandas, pero no fue el caso. En realidad, la institución, cuando invirtió bien esos recursos, lo hizo en la construcción de nuevas clínicas y hospitales para expandir su cobertura —inversión útil, pero que no benefició al fondo de retiro— y cuando lo hizo mal, el dinero simplemente se dilapidó. Por un buen tiempo se supuso que los beneficios de los pensionados —los trabajadores que fueron— se cubrirían con las cuotas crecientes de los trabajadores en activo, pero se hizo un mal cálculo: la fuerza de trabajo contribuyente ya no crece al ritmo del pasado y la masa de jubilados va en aumento, lo mismo que su longevidad. De ahí el problema que hoy enfrentamos.

Los jubilados no sólo requieren de pensión, sino de atención médica, y los servicios demandados por los "adultos mayores" son costosos y van en aumento. Entre 1989 y 2004, por ejemplo, los requerimientos de hospitalización de la población jubilada aumentaron en 200%. De seguir como vamos, en el año 2020 el 100% de los ingresos del IMSS se tendrán que destinar al pago de las jubilaciones, lo que es imposible. De ahí que los responsables políticos en México y en otras naciones estén proponiendo un cambio en la concepción del sistema de pensiones. Por una parte, piden cambios en las condiciones del contrato (aumentar la edad de retiro y las cuotas y disminuir prestaciones), y por la otra, acudir al auxilio del mercado y de la privatización. Fue por eso que en México se creó el Sistema de Ahorro para el Retiro (SAR), que empezó a funcionar en 1997 mediante las controvertidas administradoras de fondos para el retiro (afores).

La idea básica del nuevo modelo es dejar atrás el sistema colectivo y solidario para sustituirlo por uno donde cada trabajador sea el responsable de su fondo, que sigue siendo tripartita: trabajador, patrón y gobierno. De esta manera, el Estado sin abdicar del todo de su vieja responsabilidad, mete al asalariado de lleno en la lógica neoliberal, disminuye su papel y, de paso, le da a la economía privada una excelente cantidad de recursos por la vía de las inversiones que se hagan con las afores.

La idea de la individualización y privatización de las pensiones se puso en marcha en Chile, hace veinticinco años bajo la dictadura de Pinochet, y en los últimos tiempos ha entusias-

44

mado tanto a George W. Bush, que ya busca adaptarla a Estados Unidos. Sin embargo, la realidad chilena es menos brillante de lo que sus entusiastas dicen. Allá en el sur, la primera generación bajo el nuevo sistema ya llegó a la edad de retiro, ¿cuál es el resultado? En primer lugar, sólo la mitad de la fuerza de trabajo está asegurada, luego el gobierno sigue desembolsando para compensar a los que no alcanzan la pensión mínima (que es de 140 dólares al mes). Pero eso no es todo, al comparar a los que se fueron al sistema privado con los que optaron por quedarse en el antiguo sistema, resulta que la pensión de los primeros es mucho más baja, a veces la mitad, de los segundos, lo que les obliga a seguir trabajando más allá de la edad de retiro. En fin, que los fondos de pensiones entusiasmaron a los financieros chilenos, pero no así a sus beneficiarios. Quizá por ello el ejército en su conjunto sigue sin entrar al sistema neoliberal de pensiones creado a la sombra de la dictadura militar.[10]

En México el sistema no puede seguir con pensiones de privilegios como las escandalosas de algunos altos funcionarios del régimen pasado. El modelo tiene que cambiar y entre más rápido mejor. Pero no se tiene que seguir el esquema chileno tal cual. Más allá de la lógica del mercado hay un mínimo sentido de justicia y equidad que no permite seguir dejando fuera a una parte de la población del sistema de pensiones, porque entonces ¿qué sentido tiene ser mexicano?

Pobreza, caciques y movimiento social: Oaxaca

En la crisis política oaxaqueña —una rebelión urbano popular con pocos precedentes recientes en la historia mexicana— han aflorado casi todos los problemas que hoy aquejan a nuestro sistema político, de ahí la importancia del caso.

45

La insurrección suriana dejó de ser un hecho local y se transformó en manifestación de una patología nacional. Se llegó al punto en que ese complejo problema no se puede caracterizar sólo como el desvanecimiento de una estructura de poder local, sino nacional. Sin embargo, lo más grave de los sucesos oaxaqueños no es la falla y descomposición de las instituciones, sino la evanescencia de ese ánimo de optimismo y de confianza en el futuro colectivo que en el 2000 había traído consigo la victoria pacífica de las urnas.

Las encuestas y las movilizaciones posteriores al 2 de julio de 2006 mostraron que una parte de la ciudadanía, minoritaria pero importante, consideraba que se han violado las reglas democráticas que permiten dirimir civilizadamente las inevitables diferencias de intereses y de interpretación del proyecto nacional. Los desencantados pueden atribuir la responsabilidad de esta situación a la corrupción e incompetencia de políticos específicos y no les falta razón, pero el problema central es más serio: el mal funcionamiento de todo el entramado institucional.

El problema oaxaqueño resultó un ejemplo evidente de cómo los males estructurales heredados del viejo régimen aunados a la cortedad de miras, a la mala fe y a la ineptitud, transformaron un problema sindical y local en un embrollo que rebasó sus fronteras y que resume bien las contradicciones y defectos de líderes e instituciones para dar respuesta a las demandas de una sociedad pobre, muy desequilibrada en su estructura de clases, desconfiada del poder y agraviada por la conducta de las elites dirigentes. Por otro lado, Oaxaca también permite pensar que, pese a todo, aún no se ha perdido el impulso, desde abajo, de imaginar que es posible una condición colectiva mejor.

Como se sabe, el problema en la entidad suriana arrancó el primero de mayo de 2006 con la predecible entrega de un pliego petitorio al gobernador por parte del gremio más organizado y mejor remunerado de esa entidad: los maestros de la sección 22 del SNTE. Ante lo que consideraron una respuesta insatisfactoria, los profesores iniciaron un plantón en la capital estatal. La situación, hasta ahí normal y predecible, dio un salto cualitativo con bloqueos, megamarchas y, sobre todo, el fracaso de la "solución de fuerza" que intentó, el 14 de junio, Ulises Ruiz, el gobernador priísta.

El triunfo magisterial sobre la policía en la "batalla del 14 de junio" llevó a que otros descontentos con el gobernador —cuya elección se había efectuado dentro de la más pura tradición del PRI— se unieran a los maestros y constituyeran la Asamblea Popular de los Pueblos de Oaxaca (APPO), una gran alianza entre la sección 22 del SNTE y numerosas organizaciones sociales y municipales irritadas por la forma discrecional como el gobernador manejaba la distribución de los recursos públicos. El 2 de julio Ulises Ruiz y el PRI oaxaqueño perdieron de manera espectacular las elecciones presidencial y legislativas. La autoridad estatal ya no pudo entonces llevar a cabo la emblemática Guelaguetza (la APPO organizó la Guelaguetza alternativa, la popular) y el proceso de evaporación de los poderes estatales se aceleró, lo mismo que la constitución de una especie de gobierno por asamblea popular de la ciudad de Oaxaca.

En agosto, la APPO asumió el control de estaciones de radio y televisión, bloqueó las entradas a la ciudad y levantó barricadas en su interior. Un paro organizado por la iniciativa privada para contrarrestar a la APPO no funcionó, como tampoco funcionaron los disparos nocturnos ni los ataques esporádicos de gente del gobernador, aunque dejaron más de una docena de muertos. De nada sirvieron las reuniones convocadas por Gobernación, ni las amenazas del gobierno federal de recurrir a la fuerza. El Senado intervino sin conseguir otra cosa que el ridículo al concluir que en Oaxaca, si bien había ingobernabilidad, los poderes formales no habían desaparecido y que Ulises Ruiz, aunque ya no gobernaba, podría seguir como gobernador.

Al concluir octubre, las autoridades federales decidieron mandar a la capital oaxaqueña cuatro mil efectivos de la Policía Federal Preventiva (PFP). El gobernador pudo así regresar a la Casa de Gobierno y la federación, en un intento por alejar a los maestros de la APPO, se comprometió a dar a los educadores de Oaxaca y del resto del país ¡42 mil millones de pesos a lo largo de los próximos seis años!

Las acciones federales de fuerza y cooptación fueron hechas a destiempo. El retorno de los maestros a sus salones fue parcial y el 2 de noviembre, y tras siete horas de una fiera batalla campal en las inmediaciones de la universidad —piedras, gases, toletes, chorros de agua y químicos, bombas molotov, cohetones, heridos y prisioneros— una multitud de "appistas" obligó a la PFP a replegarse a sus bases en el centro de la ciudad.

El 5 de noviembre de 2006, y mientras el gobernador apoyado por el PRI insistía en no renunciar, una APPO sobrada llevó a cabo una nueva megamarcha en su contra que contó con contingentes de fuera del estado; el gobernador contestó el día 7 con una contramarcha de sus partidarios, que sí existen. Como bien notara *The New York Times*, en la antigua Antequera se vuelve a oir hablar de revolución, situación impensable apenas unos meses.[11] Coronando el proceso, tres estallidos de bombas en el Distrito Federal que, según los grupos guerrilleros que los reivindicaron, son su respuesta a la acción federal en Oaxaca.

La PFP finalmente restauró el orden perdido en la capital de ese estado, pero el Poder Legislativo —un área donde el PAN necesita del PRI para iniciar su segundo sexenio en el poder— no tuvo la voluntad para ordenar la reconstrucción del poder oaxaqueño. La Iglesia católica y los empresarios —los poderes fácticos— tampoco han sabido hacerse obedecer por la parte más popular de una sociedad en la que, por unos meses, ellos dejaron de mandar.

El cuadro oaxaqueño no fue más que una expresión extrema del fracaso de la política que llevó a cabo la dirigencia de un régimen que se suponía destinado a regenerar la vida pública de México. En lo económico la inflación se mantuvo controlada pero no hubo crecimiento sustantivo ni combate a los monopolios. La competitividad disminuyó y la exportación de mano de obra a Estados Unidos se incrementó. La condición de pobreza se mantuvo en casi la mitad de la población.

En situaciones normales, problemas como el oaxaqueño se podrían haber administrado, y quizá resuelto, sin violencia. No fue el caso, por impericia y complicidades se le dejó crecer hasta convertirse en crisis.

En el Porfiriato maduro, el Cuerpo de Rurales de la Federación, más que el ejército, era el brazo ejecutor de última instancia de la política del régimen. Al concluir el gobierno de Vicente Fox ocurrió algo parecido: el ejército se mantuvo alejado del papel de represor y éste lo jugó por entero la Policía Federal Preventiva (PFP), una organización en buena medida formada por elementos transferidos del ejército.

Los rurales del Porfiriato eran un cuerpo militarizado dependientes de la Secretaría de Gobernación, muy móvil, bien montado y armado —características no muy distintas de la PFP—, que le sirvió bien a don Porfirio para apagar los fuegos sociales que estallaron con regularidad en varias partes del país a fines del siglo XIX e inicios del XX. El profesor Paul J. Vanderwood calificó a los rurales de hace un siglo como "la policía del presidente"; a la PFP le empezó a venir al pelo esa caracterización de sus antecesores.[12]

Es significativo que "la policía del presidente" haya sido empleada para retomar la ciudad de Oaxaca con el fin de devolver el poder a un gobernador del PRI que lo había perdido meses atrás para enfrentar una movilización social iniciada por maestros pero secundada luego por la APPO, y cuyo objetivo central era poner fin a un sistema de gobierno local cuyas raíces siguen enterradas y nutridas en una tradición premoderna y antidemocrática.

Hay estructuras poco dúctiles que para evolucionar requieren de crisis y la política mexicana pareciera ser una de ellas.

Para algunos, resultaba intolerable el secuestro al que por meses había sometido la APPO a la capital de su estado: escuelas cerradas, plantones en el centro, barricadas en las calles, cierre de oficinas de gobierno, toma de estaciones de radio, toque de queda, desquiciamiento de la actividad comercial y turística, etcétera. Sin embargo, más sorprendente resulta el secuestro que al nivel del Congreso de la Unión y del sistema político ejerció el PRI sobre el PAN al condicionar su cooperación con el nuevo gobierno panista a que se mantuviera apretado el nudo gordiano en que se convirtió el proceso político oaxaqueño, es decir, a que no se eliminara al gobernador priísta Ulises Ruiz.

Así, la posibilidad de aprovechar la crisis de Oaxaca para darle entrada a una etapa de modernización política en la entidad quedó secuestrada porque la supuesta primera fuerza

50

política nacional, el PAN, tenía un conflicto a fondo con la segunda fuerza, el PRD, y la tercera fuerza, el PRI, sólo apoyaría a la primera en tanto en Oaxaca se sostuviera a un gobernador inviable pero priísta.

El PRI ya sin proyecto histórico sustantivo —el último fue el del "liberalismo social" de Carlos Salinas—, sin una dirigencia central fuerte y por ello en manos de sus gobernadores estatales que se desempeñan como una especie de directorio, simplemente se atrincheró para defender al colega oaxaqueño porque temía que su caída acelerara el cobro de cuentas pendientes en otro lugar. Exageraron, pero no desvariaron.

Los esqueletos que tiene el PRI en sus clósets y las cuentas pendientes que tiene con la sociedad que gobernó de manera autoritaria por tanto tiempo se han dado cita en Oaxaca, pero hubieran podido hacerlo también en Veracruz o Puebla, por poner dos ejemplos conspicuos. Y es que no sólo en la antigua Antequera se ha pospuesto el cambio político que se dio a nivel nacional en el 2000, sino también en otros estados. Al concluir 2006 Oaxaca acumulaba ya 77 años de dominio priísta ininterrumpido, pero la cifra llegaría a los 81 años si Ulises Ruiz se mantiene hasta el fin de su sexenio.

Oaxaca hoy es un ejemplo extremo de "autoritarismo subnacional", término muy atinadamente empleado por Víctor Raúl Martínez para explicar la crisis política del estado suriano.[13] La raíz inmediata del problema está en la decisión del viejo partido de Estado de imponer como gobernadores de Oaxaca en 1998 y en 2004 a José Murat y a Ulises Ruiz, respectivamente. Se entregó entonces la vieja estructura autoritaria a dos apparatchik que tenían todos los defectos del viejo régimen —autoritarismo, arbitrariedad y corrupción— y ninguna de sus virtudes, si es que tuvo algunas.

51

Cuando en el antiguo régimen los excesos de un gobernador dañaban la estabilidad, el presidente encontraba siempre y sin dificultad el modo de convencer al déspota local para que, sin resistencia ni aspavientos, dejara el puesto a un sustituto menos disfuncional. La excepción fue Ernesto Zedillo, cuyo menguado poder le impidió sacar a Roberto Madrazo de Tabasco tras unas elecciones que fueron un escándalo por inequitativas e ilegales. El precio que tuvo que pagar el PRI por la rebelión de Madrazo en 1995 se difirió, pero le fue cobrado el 2 de julio de 2006, cuando ese personaje y su partido sufrieron una derrota espectacular en las urnas. Todo indica que el PRI tendrá que volver a pagar por haber originado y prolongado el desastre oaxaqueño, aunque el costo mayor corrió por cuenta de la sociedad local.

Oaxaca, según los datos del Programa de Naciones Unidas para el Desarrollo, ocupa el penúltimo lugar entre los estados mexicanos en materia de desarrollo humano (IDH). Mientras en la ciudad de México hay un IDH similar al de ciertos países europeos, el de Oaxaca se asemeja al de los territorios ocupados de Palestina. Y dentro de Oaxaca, la desigualdad es extrema. Así, mientras el municipio de Santa María del Tule tiene un IDH de 0.86, el de Coicoyán de las Flores es de sólo 0.39. Guelatao tiene una educación similar a la delegación Benito Juárez en el Distrito Federal, en tanto que San Simón Zahuatlán o San Martín Peras se hermanan con la que prevalece en Burkina Faso o Sierra Leona, en África.

En una situación como la descrita, el que Murat o Ulises Ruiz tuvieran un poder político que ya no estaba limitado por ninguna otra institución fue un riesgo mayúsculo. Un gobierno dividido y débil como el de Vicente Fox carecía de los instrumentos y de la voluntad para poner alto a los abusos de gobernadores que, como prolongación del antiguo régimen, controlan al Legislativo local, al Poder Judicial, a la comisión estatal de derechos humanos, a los medios de información y a un buen número de los poderes fácticos. Por tanto, no han estado sujetos al antiguo control presidencial, ni a la nueva división de poderes, ni al escrutinio de la opinión pública.

En las condiciones anteriores, una pugna dentro de la clase política oaxaqueña —entre Murat y Ruiz— detonó otro conflicto que, aunque previsible, se salió de control: el ocasionado por el choque entre el gobierno oaxaqueño y los profesores de la Sección 22 del SNTE que demandaban mejoras salariales vía la "rebonificación". Un gobernador insensible y prepotente como Ruiz pretendió utilizar ese conflicto para saldar cuentas con su predecesor y fue así que el 14 de junio se decidió usar a la policía local para acabar con el plantón magisterial en la capital. Cuando el intento falló y la policía fue derrotada por los maestros, el movimiento en vez de ser aplastado dio un salto cualitativo: otros actores de la sociedad agraviada se unieron a los maestros en contra del gobernador. Nació entonces la APPO, que dice contar con trescientas organizaciones y con un respaldo popular.

El autoritarismo subnacional buscó que la debilidad del nuevo gobierno panista obligara a Fox a que, en el último acto de su gobierno, usara la fuerza federal —la PFP y posiblemente a la armada— para reeditar lo ocurrido en San Salvador Atenco: "imponer el estado de derecho" y restituir su poder al gobernador.

Quienes avalaron este plan supusieron que el costo del empleo de la fuerza lo pagaría Fox a cambio de que el PRI dé a Felipe Calderón el respaldo que necesita para hacer viable su gobierno.

53

Corrupción política

Las inconsistencias del cambio

El único problema realmente eterno es el de la muerte, pero en términos menos estrictos, el de la corrupción política pareciera ser casi igual de inevitable y contundente. Si en algún momento de optimismo se llegó a considerar que el cambio reciente de régimen en México iba a influir de manera notoria y positiva en la solución de este viejo problema, ya no es el caso. La corrupción se mantiene como una característica central de nuestra vida pública.

Es muy desafortunado, pero es posible construir toda una teoría política utilizando como ejes únicamente conceptos negativos: miedo, concupiscencia del poder y corrupción. De hecho, dar forma a esa "teoría política negra" fue la empresa en la que se empeñó Nicolás de Maquiavelo al escribir *El príncipe* y el resultado ha sido uno de los esquemas especulativos más poderosos dentro de la teoría política. Sin embargo, ése no debería ser el único camino para entender el tema y, en todo caso, es tiempo que la realidad mexicana se explique de otra forma.

Corrupción no significa otra cosa que el decaimiento en la naturaleza original de algo. En política, lo que decae es

54

la moral pública y la legalidad. De manera más específica, la corrupción es el uso ilegal de un cargo público para fines privados. Transparencia Internacional (TI) define el problema como "un abuso del poder conferido a un funcionario público en beneficio de un interés privado".[1] En el *Oxford Concise Dictionary of Politics* corrupción es: "la transferencia de un beneficio que lleva a cabo un funcionario público que puede o no tener derecho al mismo, a cambio de un pago ilegal [soborno]".

Desde la infancia y sin necesidad de diccionario, todo mexicano sabe qué es "la mordida". De acuerdo con la investigación de la empresa CEI Consulting & Research, a los 12 años el mexicano promedio ya es consciente del papel del soborno en la escuela; para cuando su vida concluye, las cifras indican que 87% de los mexicanos ha pagado sobornos. En términos económicos, y sólo por lo que se refiere a las pequeñas y medianas empresas mexicanas, éstas destinan 10% de sus ingresos al pago de sobornos, 60% a funcionarios municipales y el resto a los estatales y federales.[2]

De acuerdo con el índice de percepción elaborado por TI, y donde el primer lugar lo tiene el país donde se percibe el menor grado de corrupción y el último lugar lo ocupa aquel que se ve como la corrupción en estado casi puro, resulta que en el 2003 México ocupó el lugar 64 en un universo de 133; su calificación fue de 3.6 sobre 10.

No obstante los numerosos fracasos por limitar la corrupción, tanto en el sector público como en el privado, es indispensable seguir adelante en este combate. Las razones son importantes y de naturaleza distinta. Por un lado están las económicas; en efecto, el índice de TI —y todas sus actualizaciones a partir de entonces— muestra una correlación clara y positiva entre los países que son percibidos como más corruptos y un bajo nivel de desarrollo (9 de cada 10 países en desarrollo tienen una calificación de menos de 5). La corrupción fomenta la ineficacia de los recursos públicos e incrementa los costos empresariales en un mundo donde la competencia es ya un juego de vida o muerte.

En lo político, la corrupción corroe las bases de la democracia y el buen gobierno al alterar el resultado de los procesos electorales y hacer de la justicia una caricatura, con lo cual impide la vigencia del estado de derecho y resta legitimidad al régimen. Sin embargo, el peor efecto de la existencia de una corrupción política y administrativa como la que se vive en México es el que tiene en el campo de la moral colectiva, ese elemento intangible, pero indispensable para sacar adelante el "proyecto de nación", cualquiera que éste llegara a ser. Cada acto de corrupción por parte de la autoridad es una humillación para la víctima. Pocas cosas hay tan degradantes para la autoestima como tener que someterse a la extorsión, sabiendo que es irrelevante intentar defenderse en función de un supuesto orden jurídico vigente. En la práctica, ese marco legal inútil es un elemento adicional de la humillación.

No hay duda de que la legislación elaborada en el pasado sexenio sobre transparencia en la gestión del sector público tiene el potencial de hacer evidentes muchas de las formas como se ha mal usado el poder político en beneficio de intereses privados ilegales o ilegítimos. Pero la esencia del problema persiste porque, entre otras cosas, no se ha castigado, sino protegido a los corruptos notables, y el país en su conjunto lo comprobó a raíz de un deceso. En efecto, el 6 de agosto de 2005 murió Leonardo Rodríguez Alcaine, responsable de una de las estructuras corporativas más corruptas de la historia sindical mexicana: la Confederación de Trabajadores de México (CTM). Ese fallecimiento dio pie para que buena parte de la clase política se uniera en un sentimiento de duelo y homenaje a un símbolo de la manipulación y explotación del movimiento obrero para fines partidistas y personales. Los críticos de quien fuera líder de los trabajadores electricistas y partícipe en los numerosos contratos por obras de la Comisión Federal de Electricidad han calculado entre 10 y 50 mil millones de pesos su fortuna personal.[3] La variación en el monto hace que el cálculo quizá resulte exagerado; sin embargo, el que exista una riqueza más allá de lo que haría previsible el desempeño de su cargo será el polvo y la paja vergonzante de la que ya no se librará el finado.

Lo anterior, sin embargo, no fue obstáculo para que el secretario de Gobernación en turno acudiera a dar el pésame y de manera ostentosa le diera también su bendición. El homenaje a ese oscuro símbolo del antiguo régimen corporativo sirvió para que el entonces presidente Vicente Fox y su esposa se unieran a toda la plana mayor del PRI en una desafortunada expresión de duelo. En fin, que dicho velorio fue transformado en una notable muestra de respeto de los principales responsables políticos a un gran representante de la corrupción sindical, buen marchante de las instituciones, de cuerpo muy trabajado, que ante lo imponderable se vio obligado a abandonar el cargo. Un observador distraído hubiera pensado que México sigue dominado por el PRI. En cualquier caso, al final no hubo ninguna resistencia para que otro chaval muy similar al difunto —Joaquín Gamboa Pascoe— lo sustituyera al frente de la CTM.

A poco de correr el tiempo después del año 2000, quedó claro que la corrupción florecía lo mismo en los viejos círculos priístas, que en los de sus adversarios panistas y perredistas, que han dicho tener un compromiso con la administración honesta de la cosa pública. Sin embargo, la puntilla al entusiasmo

57

que despertó el cambio del año 2000 la puede dar quien personifica el compromiso contra el abuso del poder y por la entrega de cuentas claras: el expresidente de la República.

Un libro de dos periodistas, Anabel Hernández y Arelí Quintero, abrió la puerta de la duda justamente en ese lugar donde, de haber permanecido cerrada, se hubiera tenido un avance significativo, por lo simbólico, en la lucha de México contra un mal heredado: el del abuso y corrupción del poder.[4]

El trabajo de Hernández y Quintero contenía errores por descuido —5 mil metros no son 5 hectáreas sino media— y tendía a mezclar datos irrelevantes —como la presencia de Rebeca Moreno, un personaje que dice tener poderes paranormales, entre las asistentes de la esposa del presidente, o un apoyo por 5 mil pesos que el programa Procede dio a una empresa de la familia Fox— con asuntos realmente importantes. Y esos temas fundamentales son la compra de un rancho del entonces presidente Fox —La Estancia— al lado del que ya tenía en Guanajuato; la reconstrucción de éste, así como la sorprendente abundancia de éxitos económicos de los hijos de la señora Sahagún, además del buen viento que sopla sobre los negocios de los hermanos Fox.

Hernández y Quintero no prueban de manera contundente nada, ¡pero vaya si surgieron sospechas que nunca debieron existir! Adquirir y construir un nuevo y lujoso rancho de 304 hectáreas, mientras se está en ejercicio de la Presidencia, no es necesariamente ilegal, pero sí es un error político imperdonable, pues arroja una sombra en lo único que quedaba de positivo del cambio del 2000: un poder presidencial ajeno a la búsqueda de las ventajas personales. Es verdad que las autoras no demuestran que los recursos para la compra y

58

construcción de la magnífica propiedad que quizá sirva de retiro a Fox provengan del erario, pero sí sostienen que las finanzas personales del expresidente antes del 2000 no permiten suponer que contaba con recursos propios para la compra y construcción de La Estancia, ni siquiera para la remodelación del otro rancho más conocido, el de San Cristóbal.

Se pueden aceptar y hasta justificar las fallas en la formulación e implementación de políticas específicas, o en la selección del personal de confianza, pero nuestro pasado hace inaceptable una nueva falla en el carácter y honradez personal del responsable del más alto cargo en el país.

¿Necesidad operativa o envilecimiento inherente?

El actual es un tiempo donde pareciera que los responsables de la conducción política de nuestro país se han empeñado en disminuir al máximo la calidad de su oficio para desilusionar a ese 59% de los mexicanos que han dicho que apoyan a la democracia como sistema de gobierno.[5]

Un empresario muy exitoso de la industria farmacéutica en su modalidad menos creativa pero muy redituable —la copia, producción y venta a precios relativamente bajos de productos similares a los desarrollados por los grandes laboratorios transnacionales—, el contador de 58 años Víctor González Torres, abiertamente intentó "comprar" su postulación como candidato presidencial por un partido de reciente creación y marginal: Alternativa Socialdemócrata y Campesina (PASC). Esta nueva organización que apenas recibió su registro ya puede contar hasta con 82 millones de pesos de financiamiento público bajo el supuesto, que resultó falso, de ser un esfuerzo genuino por jugar el papel de generadora de ideas y propuestas que los tres grandes partidos dominantes no pueden o no quieren hacer. Al final, aunque González Torres no se salió con la suya, el PASC es ya otro caso de oportunismo que sólo busca vivir de la política, no para la política.

La parte más descarada del PASC (su "ala campesina") en principio se dejó comprar por la oferta pública del llamado Doctor Simi de aportar 100 millones de pesos de su propio peculio para hacer una campaña que lograra dar al menos 2% del voto al nuevo partido. Con ese 2%, algunos de los líderes del PASC calcularon que podrían vivir ad eternum del presupuesto. Por su parte, González Torres, en su modalidad de Doctor Simi, aprovechó su notoriedad mediática a favor de sus negocios.

Así, la política —actividad que según Aristóteles tiene la capacidad de instalar la virtud en una sociedad— terminó por ser un grotesco medio de publicidad para un personaje de discurso ingenuo cuando no ininteligible, pero tan hábil en los negocios que ya controla 2 mil 810 farmacias en México (más otras en América Latina) y factura 400 millones de dólares anuales.[6] Y aunque las autoridades lograron poner fin a la maniobra, lo hecho queda como un indicador del bajo nivel de nuestra consolidación democrática.

Por otra parte, el esfuerzo de un regidor del PRD —José Luis Cortés Trejo— y de Germán Dehesa y sus más de treinta mil firmas para llevar a su conclusión lógica la responsabilidad que se desprende de los datos filtrados a la prensa sobre la gran fortuna inmobiliaria del exgobernador del Estado de México, Arturo Montiel, se topó con la gran muralla de impunidad que sigue tan firme como siempre.

Los escandalosos datos sobre la forma de operar (transacciones multimillonarias en efectivo) y el monto de los bienes raíces adquiridos por Montiel, sus dos hijos y su actual esposa, se hicieron públicos mediante oportunas filtraciones a los medios para acabar con la pretensión del mexiquense de disputarle la candidatura presidencial por el PRI al entonces domador de ese partido: Roberto Madrazo. Sin embargo, una vez conseguido el efecto buscado, la clase política heredera de Carlos Hank González utilizó al procurador local —personaje de las enteras confianzas de Montiel— para dar por cerrado el caso, argumentando que la fortuna del exmandatario provenía de las actividades empresariales que éste había desarrollado desde los 13 años. Desde luego que la historia completa de éxitos de Montiel, que le permitió "consolidar un patrimonio y una sólida posición económica", nunca se hizo pública.

Desde hace mucho quedó claro que puede haber una distancia abismal entre lo que es legal y lo que es justo (la condena a muerte de Sócrates fue legal y resultado de un procedimiento democrático, pero no fue justa). En uno de sus libros, Julio Scherer, y a propósito de la impunidad de los responsables de la matanza y la represión del 68, sostiene que en México el futuro estará en falta en tanto no se llegue a aclarar y a asumir la naturaleza de lo ocurrido hace casi cuatro decenios. Para un país, dice Scherer, "El pasado importa tanto como el futuro. Son dos tiempos que se acompañan".[7] La Suprema Corte de Justicia de la Nación (SCJN), sin embargo, piensa muy distinto, y por ello esa institución acaba de concluir que no procede revisar la sentencia de un juez federal (Arnulfo Castillo) que se negó a dictar orden de aprehensión contra el expresidente Luis Echeverría, corresponsable tanto de ese crimen de Estado como del de 1971, tragedias similares que marcaron el principio del fin del sistema autoritario posrevolucionario. Para la SCJN, los hechos del 68 y 71 carecen ya de "trascendencia jurídica".

Con la decisión anterior, la SCJN pretende cerrar un capítulo del pasado político mexicano que, en la realidad, sigue muy abierto. Pero no sólo eso, sino que se reafirma la sospecha de que en nuestro país lo legal no es igual a lo justo, que lo primero bien puede ser lo opuesto de lo segundo. Y es por esa oposición que en muchas ocasiones la defensa del estado de derecho suena como algo vacío, pues no corresponde a eso que es socialmente superior: el estado de justicia.

José Antonio Crespo ha hecho notar que en el antiguo régimen, al final, siempre hubo castigo para al menos un "pez gordo" de la corrupción. Desde el gobierno del cambio no ha habido ni siquiera el chivo expiatorio; la impunidad es total. Al finalizar 2005, en el Congreso federal, y por decisión del PRI y del PAN, se decidió acabar con la comisión de diputados que investiga los dudosos negocios de los hijos de la esposa del presidente. Y se le puso fin al empeño, a pesar de que aún no se llegaba a ninguna conclusión, pero había suficiente material como para sospechar tráfico de influencias y en grande de Manuel Bribiesca y de su socio, Miguel Khoury.

Reforma publicó parte de las declaraciones hechas por una testigo ante esa comisión de diputados, y ahí leímos, en relación con el hijo de la esposa del presidente, cosas como éstas: casas compradas al IPAB en Acapulco por 3 mil pesos y revendidas luego por 250 o 300 mil pesos.[8] Un financiamiento otorgado por Hipotecaria Nacional a la empresa de Bribiesca y su socio para adquirir viviendas, que en realidad se usó para comprar un avión que, entre otras cosas, fue empleado para traer "unas viejas" de Brasil a una fiesta en Acapulco. Desaparición en el Registro Público de la Propiedad de hojas clave para la investigación. Armazón y cancelación de sociedades mercantiles para borrar rastros, etcétera.

La transición política mexicana tomó mucho tiempo, y requirió un gran esfuerzo e incluso el sacrificio de algunos de los que se enfrentaron al autoritarismo latinoamericano más exitoso del siglo XX, en medio de la indiferencia de una buena parte de la sociedad mexicana. Es, por tanto, injusto que el proceso democratizador, al entrar en la etapa de consolidación, se esté degradando.

Agravios nacionales en la hacienda pública mexicana, 1982-2005[9] de Samuel I. del Villar es una obra que bien puede ser colocada en la línea inaugurada hace exactamente un siglo por otro abogado también preocupado por el diagnóstico de los males que aquejaban a la sociedad mexicana tras una prolongada sumisión a un sistema político autoritario: Andrés Molina Enríquez.

Desde hace mucho, el México del discurso oficial es uno y el que realmente construyen día a día los dirigentes con sus decisiones políticas y económicas, es otro, tan diferente, que suele ser opuesto. La materia prima de *Agravios nacionales* es esta diferencia entre lo que se dice y lo que se hace, la contradicción sistemática y estructural entre el discurso y las políticas que ha puesto en práctica el poder neoliberal que ha dominado a México por casi un cuarto de siglo.

La corrupción pública en México obsesionó a Samuel I. del Villar y a su denuncia y combate le dedicó, literalmente, la última parte de su vida. En la obra que aquí se comenta, Del Villar hizo la disección de apenas una de las muchas arenas en que tiene lugar este drama de la corrupción pública mexicana: la política hacendaria.

En sí misma, la hacienda pública es un tema enorme. Samuel lo empezó a desmenuzar desde el siglo XIX, pero este libro se concentra en su último periodo: el que va de 1982

63

—momento en que estalla la gran crisis del sistema económico posrevolucionario— al inicio del siglo XXI.

Para quien examina el proceso mexicano desde la perspectiva del sistema político, lo ocurrido el 2 de julio de 2000 es un cambio sustantivo, de régimen. Sin embargo, desde la perspectiva adoptada por Del Villar —y éste es un punto muy importante—, lo acontecido en México desde entonces no equivale a un cambio significativo. En la historia hacendaria, lo ocurrido en el periodo foxista es una simple continuidad de las políticas y de los vicios del pasado. El cambio sigue esperando... y la espera le ha costado a México un precio incalculable en recursos y oportunidades perdidas.

El propósito central de este autor es mostrar que el "agravio" a la sociedad mexicana, gestado en la etapa priísta y autoritaria del neoliberalismo, se mantuvo en el periodo de neoliberalismo democrático presidido por Vicente Fox. Por lo que a política económica se refiere, la diferencia, en la medida en que la hay, es de estilos, no de contenidos. Y esta continuidad es evidente en este "caso de estudio". La elite tecnocrática que manejó la Secretaría de Hacienda y el Banco de México —las dos piezas clave de la trama descrita por Del Villar— es la misma antes y después del 2000, y sus políticas se caracterizan por su continuidad, su coherencia interna y, desde luego, por su alejamiento del interés general en beneficio del interés de un grupo muy pequeño de funcionarios públicos, banqueros y empresarios, tan corruptos como voraces. Para Del Villar, es justamente la naturaleza perversa de las políticas hacendarias lo que explica "la decadencia económica y política de México".

El problema hacendario se puede analizar desde la perspectiva de varias disciplinas. Nuestro autor lo hizo mezclando los enfoques económico, jurídico y político. La conclusión es

64

contundente: como la naturaleza de la política hacendaria fue tan corrupta como ineficaz, el resultado ha sido que las instituciones —Congreso, Secretaría de Hacienda y Banco de México, Fobaproa, IPAB y el resto— no pueden hoy cumplir la función para la que fueron diseñadas.

Tres son los casos desarrollados para mostrar cómo las decisiones políticas viciadas desembocaron en la "decadencia económica" de México. La siempre exigida pero nunca ejecutada reforma fiscal, la transformación en la naturaleza de la banca mexicana a partir de su expropiación en 1982 y su privatización en 1993, y la controversia político-jurídica-económica entre los poderes Ejecutivo y Legislativo en torno a la naturaleza del presupuesto en el 2004.

En el primer caso, Del Villar sostiene que una reforma que diera más recursos al fisco era ya un imperativo en la segunda mitad del siglo XX. Hubo varios proyectos técnicamente bien hechos pero nunca ejecutados. ¿La razón? Falta de voluntad política, preferencia por una salida fácil que terminó en un enorme endeudamiento externo y en la gran crisis de 1982. Desde entonces y hasta hoy, antes y después del cambio de régimen político, la reforma de un fisco que apenas capta 12% del PIB —se requiere del doble— sigue siendo una gran tarea política y económica aún pendiente.

Veamos la esencia del segundo caso, el del sistema bancario. Los efectos sobre la economía mexicana, de su nacionalización en 1982 y su reprivatización en 1993, han sido de una magnitud tal que opacan al otro gran proceso económico que también se inició en el 93: el Tratado de Libre Comercio de la América del Norte. Según Del Villar, la economía en su conjunto y la forma de vida de cada uno de los mexicanos han sido afectados de manera más directa —y negativa— por lo sucedido en el ámbito de la banca nacional, que por la apertura e integración de la economía mexicana a la estadunidense.

La ausencia de una verdadera reforma fiscal combinada con el llamado rescate bancario tras la crisis de 1994-1995, y que se resume en las siglas Fobaproa e IPAB, han desembocado en un estado de permanente anemia fiscal y en una redistribución de recursos tan injusta como ilegal, que constituye una auténtica traición a la patria. Las obligaciones del rescate bancario que el gobierno de Ernesto Zedillo echó sobre los hombros de la sociedad y que el de Fox reafirmó equivalen a 19% del PIB e incluyen carteras fraudulentas que hasta hoy siguen sin ser conocidas por el público. Desde una perspectiva legal, el Fobaproa y el IPAB son inconstitucionales e ilícitos, pues sólo el Congreso estaba facultado para autorizarlos y nunca lo hizo. Presidencia, Hacienda y Banco de México tomaron por sí y ante sí las decisiones centrales del rescate bancario, lo que significó una expropiación de atribuciones que sólo tiene un representante de la soberanía nacional: el Poder Legislativo. Y lo hicieron en beneficio de un puñado de adinerados nacionales, de otro puñado de funcionarios públicos y, finalmente, de los bancos extranjeros que hoy dominan el campo en México, que son rentistas y no sirven de gran cosa al sistema productivo nacional.

Con relación a "la crisis presupuestaria" de 2004 —el conflicto Ejecutivo-Legislativo con motivo del presupuesto de egresos de la Federación para el año fiscal de 2005—, Del Villar no sólo da su opinión sobre las diferencias que implicaba el presupuesto elaborado por la Secretaría de Hacienda y las modificaciones hechas por la mayoría opositora en el Congreso —relativamente menores—, sino que hace entrar a la Suprema Corte de Justicia de la Nación (SCJN) al drama para denun-

ciar el triste papel que ese poder jugó entonces. Para Del Villar, la alianza política Presidencia-SCJN tergiversó deliberadamente los términos de la controversia y terminó por violar la
Constitución, reafirmar el control de la Secretaría de Hacienda
en la construcción del presupuesto y revivir un elemento im-
...idencialismo autoritario que se suponía de-
...0.

...ios nacionales, la complicidad de la SCJN con
...o que sobreviva el viejo "totalitarismo pre-
...neficio de unos pocos y, obviamente, en de-
...yoría y de un proyecto de futuro digno del

...Villar dedicó su conocimiento y energía vital
...ciar la corrupción mexicana contemporá-
...que nos puede impedir ganar el futuro. A
...ciera desesperar, pero el que siguiera en la
...es el mejor indicador de que conservó un
...smo, que creía que la meta se podía alcan-
...ía y debía ser mejor. Como pocos, Del Vi-
...tarea autoimpuesta y con ello construyó
...ue tendríamos que medirnos los que aún
permanecemos.

"Un gobierno de empresarios para empresarios"

"Solamente en dos países de América Latina se puede
considerar que no hay auténtica competencia en la televisión.
Uno de ellos es Cuba. El otro es el nuestro."[10] Entre nosotros,
ha quedado demostrado que la elaboración de la ley resulta
un asunto demasiado importante como para dejarlo en manos de los legisladores. Pese a las diferencias de régimen po-

lítico entre Cuba y México, pero gracias a la desafortunada acción de diputados y senadores en torno a las reformas de las leyes federales de telecomunicaciones y de radio y televisión, la afirmación de Trejo Delarbre se confirma.

En el poco afortunado final del principio de la democracia formal mexicana, el cierre del sexenio de Vicente Fox, es evidente que el sistema tenía problemas serios de representatividad, corrupción, dinamismo económico, ineficacia administrativa, penuria fiscal y carencia de un proyecto real de nación, entre otros. Parafraseando a Neruda, se podrían escribir las líneas más tristes sobre la sustancia de nuestro sistema político. Y este ánimo sombrío nace de la reflexión en torno a las implicaciones, las razones y las formas en que se llevó a cabo el proceso de elaboración y aprobación en el Congreso de la llamada "Ley Televisa". Ese proceso iniciado hace cuatro años, y encaminado a modificar el viejo marco jurídico que regula unas de las actividades que más han marcado el carácter de nuestra sociedad —la comunicación instantánea y la difusión masiva de la información—, revela la esencia de la estructura política mexicana. Esencia que finalmente resultó muy similar a la del antiguo régimen: plutocrática, contraria al interés mayoritario y que refuerza una desigualdad social tan profunda como centenaria.

Hace casi medio siglo, Harold Lasswell definió la sustancia de la política como ese proceso en virtud del cual se determina en una sociedad "quién se queda con qué, cómo y cuándo".[11] Generalmente, la naturaleza de tal proceso es nebulosa, contradictoria y producto de una compleja cadena causal. Sin embargo, la legislación que nos ocupa es una excepción a la regla. En este caso el proceso político culminó con el triunfo absoluto y diáfano de los intereses de un poderoso duopolio televisivo sobre los de la mayoría consumidora y de la nación. El objetivo sustancial de esa reforma, que fue elaborada por los asesores de la mayor cadena de televisión, no es "el bien común", sino asegurar la posición privilegiada de las dos grandes cadenas privadas televisivas. El proceso que tuvo lugar en México en torno a la legislación sobre televisión, radio y telecomunicaciones permite, en el estilo de los que se usan en la Escuela de Negocios de Harvard, que se le pueda emplear como un perfecto "caso de estudio" sobre la naturaleza de la política de los grupos de presión en situaciones de debilidad del Estado.

Partiendo de la propuesta de Lasswell, hoy en México la política es justamente ese proceso en virtud del cual el duopolio Televisa-Televisión Azteca ha reafirmado su control sobre el espectro radioeléctrico, gracias a la forma en que logró que el Congreso federal legitimara que un bien público quedara enmarcado, en nombre de la modernización, por normas diseñadas para evitar pagos sustantivos a la hacienda pública por un uso más intensivo del espectro radioeléctrico como resultado de un cambio tecnológico. Además, la nueva legislación, aplaudida por el presidente de la República, no favorece a la televisión y a la radio públicas o comunitarias —marginales desde su origen y casi ajenas a las nuevas tecnologías—, sino a las comerciales, y en este campo hace muy difícil, casi imposible, que el duopolio tenga competencia real en el futuro.[12]

El hecho demuestra que, pese a que México acaba de transitar del autoritarismo a la democracia, la calidad de sus órganos legislativos no ha mejorado; su modus operandi y sus resultados siguen pareciéndose mucho al que tenían en el pasado. Antes ponían por delante el interés del presidente y de un partido de Estado, después el caso resultó incluso más patético, pues se pusieron por delante los intereses de dos cade-

69

nas de televisión que en conjunto facturan anualmente unos 40 mil millones de pesos.

La democracia en una sociedad moderna no puede ser directa, sino representativa. En teoría, los legisladores son los depositarios de la soberanía popular y por lo mismo son los representantes de sus intereses. En la realidad, la representación nunca ha sido perfecta, pero hay sistemas donde los partidos y los profesionales de la política que llegan a los congresos o parlamentos gracias al voto popular representan más o menos a los intereses de quienes les dieron el mandato.

Sin embargo, hay casos donde la distancia entre representantes y representados, entre elites y ciudadanos, es tan grande que termina por producir una crisis de representatividad. En esas condiciones, cuando no es posible procesar de manera satisfactoria las demandas de los grupos mayoritarios, el gobierno y la clase dirigente pierden legitimidad y el Estado corre el peligro de quedar capturado por grupos de interés que cuentan con los recursos para hacer suyos a presidentes, secretarios de Estado, diputados, senadores o miembros del ayuntamiento. Todo esto conduce a una crisis de legitimidad de los gobernantes y del sistema en su conjunto. México está en riesgo de ser sólo un ejemplo más de democracia endeble, apenas un boceto en plastilina.

Nuevas prácticas de pastoreo: el cabildeo

El significado literal de lobby es, simplemente, un gran corredor cubierto o antecámara que sirve para conectar una o varias estancias de gran tamaño. En términos políticos, el lobbyismo se refiere a esas personas que, sin ser parte del Congreso o del gobierno, frecuentan los corredores de las Cámaras

70

y oficinas de gobierno para encontrarse con diputados, senadores y funcionarios públicos, para tratar de influir en sus decisiones en beneficio de sus intereses específicos: empresas, ramas de actividad, corporaciones o grupos específicos.

El lobbyismo o cabildeo es un fenómeno inevitable de la democracia, pero no necesariamente negativo. Ahora bien, si esa actividad no se vigila y acota, puede terminar por ser más lobo que lobby hasta engullir al espíritu mismo de la democracia.

En México, y por un larguísimo periodo, casi nadie de la empresa privada o de otros sectores de la sociedad, se interesaba por entrar en contacto directo con los congresistas para tratar de influir en las decisiones de éstos en relación con tal o cual proyecto de ley. Y era natural, pues en el régimen priísta el Poder Legislativo no decidía, sólo seguía órdenes: el verdadero legislador era el presidente y punto.

Hoy, y como resultado de la transformación del régimen, ya se ha dado una evidente transferencia de poder de la Presidencia hacia el Congreso. Y como el Legislativo es una multitud heterogénea, entonces los intereses de las empresas y otras organizaciones ya han dado vida a un personal especializado para cortejar a diputados y senadores clave para la aprobación, modificación o veto de los proyectos de ley que les atañen. En fin, como las comisiones legislativas ya son, por fin, arenas para tomar decisiones que antes se elaboraban en Los Pinos, es natural que lobbyistas o cabilderos bien pagados ronden los corredores de San Lázaro —y también oficinas públicas— como las fieras carroñeras a la presa.

En México ya se escuchan advertencias y alarma —¡ahí viene el lobby!— pues la debilidad de nuestras instituciones democráticas —de los partidos, de los legisladores y del sistema judicial— hace temer que el impacto del cabildeo perjudique al interés general. Por ello, es importante y urgente ir más allá de la alarma y la denuncia para entender, asimilar y acotar de manera legal y efectiva a ese tipo de actividades, pues es imposible suponer que en la democracia la legislación se pueda llevar a cabo a la manera que propuso Juan Jacobo Rousseau: directamente y sin que influyan para nada los llamados "intereses especiales" que, según el clásico, lo único que hacen es desvirtuar la esencia de la "voluntad general".

Es verdad que desde hace tiempo se viene discutiendo en México la posibilidad de una legislación que, como en todas las democracias maduras, acepte pero también regule los inevitables contactos entre los políticos profesionales y los profesionales de la presión política, pero aún no se tiene.[13]

Quizá el sistema político donde más se ha estudiado la actividad de los cabilderos y de los grupos de interés y de presión en todos los niveles y formas es el estadunidense, aunque la literatura sobre casos europeos es también abundante. Así, conviene detenerse un poco en este tema, en el de las definiciones. Los cabilderos o lobbyistas son individuos y organizaciones —personajes y oficinas especializadas— al servicio de grupos no gubernamentales en el ámbito de la formulación y aplicación de leyes y reglamentos que tienen que ver con sus intereses particulares. Son, en realidad, actores políticos no electos ni designados por los electores, sino por intereses privados, generalmente poderosos y que son los únicos ante los que responden.

El corazón del cabildeo no son, sin embargo, sus practicantes, sino esos intereses a los que sirven. Estos últimos no son otros que los llamados "grupos de interés" —que en ocasiones no son más que un solo individuo o grupo familiar—

que tienen necesidad de que la autoridad y la sociedad acepten y adopten determinados valores, conductas, acuerdos y leyes que les benefician. Esos intereses se transforman en auténticos grupos de presión cuando, para conseguir sus objetivos, buscan determinar (o al menos influir) en el contenido de las decisiones gubernamentales, aunque sin llegar a asumir de manera directa el poder. En general, los grandes intereses empresariales, por ejemplo, no buscan asumir un puesto de responsabilidad política, sino influir sobre los que la tienen. Claro que hay casos de excepción, como es el del magnate de la televisión italiana, Silvio Berlusconi, que empleó su enorme fortuna y su control sobre un medio de difusión tan estratégico como es la televisión, para hacerse elegir primer ministro y encabezar de manera bufonesca el gobierno de su país por un largo tiempo. En nuestro país, los líderes de los grandes sindicatos son también adictos a los puestos en el Congreso y de tarde en tarde han llegado a tener gubernaturas, pero en el conjunto de los casos son más excepciones que la regla.

En los tiempos que corren en México, ya hay a mano conspicuos ejemplos de lobbyismo que llevan a sospechar que el interés colectivo ha sido dañado en beneficio de intereses particulares. En efecto, no hace mucho, un diputado panista, Miguel Ángel Toscano, denunció que tres importantes empresas internacionales tabacaleras —Phillip Morris, British American Tobacco y Japan Tobacco— se habían organizado para "corromper conciencias" en el Congreso de la Unión, lo que al final lograron al conseguir que ese órgano no aprobara un aumento en el impuesto a los cigarrillos (pasaría de 110 a 130%), mismo que se pretendía usar para el Fondo para Enfermedades Catastróficas y para aumentar los recursos de los programas de salud y atención a desastres naturales en los estados.[14]

73

En conjunto, la historia de las acciones de las tabacaleras sobre los legisladores y las agencias que los deben vigilar, en los diferentes países, es una de las más siniestras en materia de cabildeo en el mundo.

Y éste no es el único punto del gobierno mexicano donde la política de presión de los intereses privados ha tenido éxito. Cuenta también mucho su ejercicio directo, sin necesidad de intermediarios sobre las agencias gubernamentales encargadas de diversas funciones y regulaciones. Ése es, por ejemplo, el caso de Ricardo Salinas Pliego y su choque con la Secretaría de Hacienda para evitar que se le sancionara por haber defraudado a los accionistas de Unefon, mediante una serie de transacciones de venta y recompra usando a Codisco —una empresa que secretamente controlaba Salinas Pliego— y que le produjo una ganancia superior a los 100 millones de dólares.[15] Este caso, y muchos más que se pueden añadir a la lista —legislación en torno a alimentos transgénicos, permisos y regulación de las casas de juego, etcétera— obligan a poner a debate la mejor manera de enfrentar un problema que es tan antiguo como la democracia misma, pero quizá novedoso en México, justo porque apenas ahora los mexicanos nos estamos adentrado en las complejidades de este sistema de organizar la vida pública de nuestro país.

Por definición, los grupos de presión para conseguir sus metas tienen que ser capaces de dar recompensas o de aplicar represalias sobre aquellos personajes o agencias del gobierno que influyen en sus áreas de interés. En el caso de las tabacaleras, las recompensas a los diputados, según lo dicho por el diputado Toscano —viajes de recreo—, resultaron ser simples cuentas de vidrio en relación con los intereses en juego: más de 3 mil millones de pesos en posibles aumentos de impuestos.

En el caso de Ricardo Salinas Pliego —aquí no hubo intermediarios, la presión fue directa y la ejerció una empresa televisora propiedad de Salinas sobre una agencia de gobierno: la Secretaría de Hacienda—, lo que el personaje hizo fue cargarle la mano al encargado gubernamental de sancionar con multas sus malos manejos: usó a la televisora de su propiedad para montar una campaña mediática contra Hacienda por la manera irregular como se llevó a cabo la venta de Banamex a Citigroup. Al final, todo parece haber concluido con un "tú detienes tu campaña contra mí en la televisión y yo dejo de investigar las ganancias resultantes de las transacciones entre Unefon y Codisco". En el siglo de oro español, Tirso de Molina escribió algo que trasciende hasta hoy: *¡Ay, dinero encantador, / qué grande es tu señorío!*[16] En fin, que Salinas Pliego también se mostró tan eficiente en el uso de los instrumentos de presión a su alcance como las tabacaleras en su cabildeo.

Frente a la defensa de los intereses de los pocos con muchos recursos económicos, puede haber también la defensa de los muchos con poco poder económico pero que, bien organizados, pueden llegar a tener una fuerza considerable. El caso de los sindicatos es el mejor ejemplo. En teoría, el cabildeo y la presión de los muchos pareciera compatible con la democracia y el interés general que lo contrario. A veces lo es, pero no siempre. Por ejemplo, en buena medida las presiones del sindicato de Pemex para obtener ventajas gremiales y para la dirigencia sindical han actuado en contra del buen funcionamiento de una empresa que es propiedad colectiva y que es crucial para el desarrollo de México.

En principio, no todo el cabildeo y toda la presión organizada sobre estructuras de autoridad y gobierno es negativa para el interés general ni va contra el espíritu democrático.

Un caso obvio, y quizá extremo, de buen cabildeo y presión se puede encontrar en Greenpeace. Se trata de una organización internacional creada en 1971 para oponerse a las pruebas atómicas de Estados Unidos en Alaska y que, a partir de entonces, se ha dedicado con gran éxito a recolectar recursos entre millones de donantes para estudiar problemas ambientales y mantener cabilderos profesionales que empujan en pro de una legislación general y medidas muy concretas a favor de la preservación del medio ambiente.

En sí mismos, el cabildeo y la presión sobre instituciones políticas y agencias gubernamentales no son ilegítimos ni nocivos. Sin embargo, en la historia concreta del fenómeno, aquí y en el resto del mundo, pesan más los casos negativos que los positivos. Y es que la defensa del interés general no cuenta con recursos económicos equivalentes a esos de que disponen los defensores de intereses muy particulares en tiempos del mercadeo. De ahí la necesidad de una actitud y una legislación que tome en cuenta la compleja historia y los contradictorios efectos de los grupos de interés y de presión en la vida de las naciones democráticas, para limitar al máximo los efectos negativos y facilitar los positivos de este tipo de acción política.

Polvos de aquellos lodos

Toda organización, especialmente si es política, está sujeta a tensiones internas que pueden desembocar en una crisis que puede afectar su desempeño, llevarla a una división, cambiar su naturaleza o, incluso, destruirla. La historia de los partidos políticos de cualquier lugar y época está llena de choques internos producto de la diferencia de intereses personales, de grupo, de clase, regionales, ideológicos, etcétera. Los conflictos pueden ser internos o inducidos desde el exterior, pueden tener su origen en diferencias legítimas o ser una mera expresión de la añeja lucha por el botín. En los partidos las pugnas internas suelen ser tan duras y despiadadas como las que tienen lugar entre los componentes del sistema de partidos (ejemplos extremos son las purgas que experimentaron el Partido Comunista soviético y el Nacional Socialista alemán). Como sea, las diferencias, tensiones y escisiones en el interior de partidos y agrupaciones políticas son uno de los mecanismos de adaptación al entorno de las fuerzas políticas y uno de los motores del cambio político, económico, social y cultural.

El PRI nació como una respuesta imaginada y sostenida desde un régimen en crisis —la provocada por el asesinato del último gran caudillo de la Revolución— para concentrar el poder y manejar de manera más constructiva —o menos destructiva, si se prefiere— los constantes conflictos entre los miembros de la heterogénea "familia revolucionaria". Desde la caída de Victoriano Huerta, en 1914, y hasta el 4 de marzo de 1929, momento en que nació en Querétaro el Partido Nacional Revolucionario (PNR), la historia de la Revolución mexicana puede explicarse, básicamente, como una de conflictos internos. Es verdad que hasta 1920 hubo un movimiento contrarrevolucionario en la costa del Golfo y Oaxaca, y también es cierto que entre 1926 y 1929 el régimen debió enfrentar el reto militar e ideológico que significó la rebelión cristera. Pero en ninguno de los dos casos la lucha fue tan determinante en el proceso político mexicano como lo fueron los conflictos entre los mismos revolucionarios, sobre todo la guerra entre la Convención Revolucionaria y Villa contra Carranza o, más tarde, el enfrentamiento entre Obregón y Carranza.

El PNR apenas había visto la luz cuando sus principales dirigentes militares tuvieron que salir al campo de batalla para enfrentar a antiguos camaradas que se habían declarado en rebelión, argumentando que su lucha era en defensa de la democracia. La autoridad formal del presidente Emilio Portes Gil y la real de Calles fueron respaldadas entonces menos por el nuevo partido —era apenas proyecto— y más por las armas de los divisionarios Joaquín Amaro, Juan Andrew Almazán, Lázaro Cárdenas y Saturnino Cedillo. Fue con la eliminación física o el exilio de generales como José Gonzalo Escobar, Francisco Manzo y Ricardo Topete que se hizo viable y se consolidó la unidad del flamante PNR.

Uno de los fundadores del PNR, el licenciado y general Aarón Sáenz, al no recibir el apoyo de Calles para ser el primer candidato presidencial del nuevo partido, se separó y amenazó con buscar el respaldo de otro partido (el Agrarista). Sin embargo, en el último momento desistió de su aventura y si bien Sáenz ya no sería presidente, el PNR decidió "recuperarlo". El general y licenciado tendría un dulce triunfo al traducir su capital político —la disciplina— en capital constante y sonante en la industria azucarera.

El caso de Sáenz muestra que desde el inicio hubo rupturas muy provechosas para quienes las provocaron, aunque también se dio el caso contrario. José Vasconcelos, el intelectual más connotado de la Revolución, rompió con Calles al no obtener su apoyo para ser gobernador de Oaxaca y, en 1929, se desempeñó como el principal opositor del PNR en las urnas. Al final y oficialmente, la derrota de Vasconcelos fue aplastante y el intelectual permanecería marginado hasta el final. Resumiendo, en el origen, las divisiones en el círculo que dio forma al partido que con el tiempo se transformaría en el PRI le resultaron positivas. Las purgas dentro de la clase política, en 1929, cohesionaron al grupo vencedor y terminarían por ser funcionales para la consolidación del PNR.

En 1935, el PNR experimentó otra gran purga, esta vez pacífica: en un movimiento realmente audaz, el presidente Cárdenas se deshizo de la influencia del creador del PNR, Calles, y lo mandó al exilio. La división fue honda pero rápida. Sin el callismo el PNR se transformó en PRM, en 1938. De un partido de cuadros Cárdenas forjó uno de masas y donde ya no habría dudas sobre quién detentaría el mando: lo ejercería, sin restricciones, el presidente en turno.

El viraje hacia la izquierda que significó el cambio del PNR en PRM llevó a un nuevo rompimiento interno. Esta vez en 1940. Un general —y empresario— importante e identificado con la derecha, Almazán, reclamó para sí el derecho a suceder a Cárdenas en la Presidencia. Al no conseguir la candidatura del PRM, Almazán rompió con el partido y organizó uno propio, pero todos sabían que la disputa no se decidiría en las urnas —el gobierno las controlaba—, sino afuera y por la fuerza. Tras recibir la noticia de su derrota, Almazán calculó —y el ábaco le funcionó bien— que la correlación de fuerzas estaba en su contra y desistió de seguir adelante. Siguiendo el patrón establecido por Sáenz, el régimen facilitó la prosperidad del Almazán empresario a cambio de la disciplina del Almazán político. En 1945 la historia se repitió, pero con tono muy menor, pues quien desafió al partido fue el exsecretario de Relaciones Exteriores, Ezequiel Padilla. Como candidato de oposición, Padilla no fue problema para que, en 1946, el PRM, convertido ya en PRI, colocara a su candidato, Miguel Alemán, en la Presidencia con 77.9% de los votos emitidos.

Un desafío mayor se gestó entre la elección del 46 y la

del 52. De nuevo otro general, Miguel Henríquez Guzmán, logró convertirse en el centro de un buen número de aquellos que dentro del PRM y el PRI de Ávila Camacho y Alemán, respectivamente, habían sido marginados. Henríquez había empezado a trabajar su precandidatura en el PRM desde 1943 y desde el interior del ejército y de las corrientes cardenistas, pero se detuvo en 1945, por "disciplina", aun cuando en el sexenio siguiente retomó el proyecto. En 1950, se decidió por el camino de presionar dentro del PRI al activar a una organización preexistente: la Federación de Partidos del Pueblo Mexicano (FPPM) —la había organizado de tiempo atrás. La presión desde dentro no funcionó y, para 1951, el general Henríquez ya estaba fuera del partido oficial y funcionaba como opositor.

La FPPM buscó competir con el PRI en su propio campo: el ejército y las organizaciones obreras y campesinas. El desafío de los que habían abandonado al partido de Estado llegó muy lejos y desembocó en una verdadera movilización que fue más allá de lo electoral y que se vio obstaculizada de manera sistemática y violenta por la maquinaria gubernamental.[17]

El 6 de julio de 1952 las cifras oficiales le dieron la victoria al PRI con 74.31% de los votos, y la fuerza del gobierno y la represión las hizo realidad. Poco después, la FPPM fue disuelta y los levantamientos armados de henriquistas fueron aplastados. El 24 de febrero de 1954 el general Henríquez fue recibido por el presidente Adolfo Ruiz Cortines y dejó de funcionar como el líder de la oposición. Muchos de sus partidarios se retiraron de la política o, de plano, se reincorporaron al PRI. El resultado final fue que, por un cuarto de siglo —hasta 1987—, la unidad del PRI no enfrentaría ningún otro desafío de fondo. El presidencialismo autoritario conoció entonces su más límpida apoteosis.

80

La gran crisis económica de 1982 marcó el inicio del proceso que llevaría a México por la ruta del neoliberalismo. Y parte de ese proceso fue la formación de un cerrado círculo de tecnócratas alrededor de Miguel de la Madrid y Carlos Salinas de Gortari. Como en el pasado, más de uno en el PRI se sintió excluido y la reacción no fue muy diferente que en todos los casos anteriores. Quienes se organizaron alrededor de Cuauhtémoc Cárdenas y Porfirio Muñoz Ledo se corrieron más a la izquierda que los henriquistas y, de nuevo, toda la maquinaria del Estado, más los poderes fácticos y un claro fraude electoral les cerraron las posibilidades de una victoria —apenas les reconocieron 30.98% del voto. Sin embargo, esta vez y a diferencia de toda la historia anterior, el PRI ya no pudo desmovilizar o cooptar al liderazgo de aquellos que se habían separado. El resultado fue la permanencia de esa oposición que, junto con la derecha democrática (PAN), desató una dinámica que desembocó en elecciones realmente competidas y bien vigiladas. En las elecciones de 2000, al PRI ya no le fue permitido echar mano de la represión y el fraude del pasado, y perdió la elección. La historia política de México dio entonces una vuelta a la página, pero sin cerrar el capítulo del PRI.

En el 2000, el dinosaurio priísta fue expulsado del centro de la política mexicana, pero no desapareció; al despertar de la pesadilla de la derrota todavía estaba ahí. Desde su dominio de la mayoría de los gobiernos estatales y como mayoría relativa en el Congreso, el PRI capitalizó muy bien los errores y debilidades del gobierno foxista y se planteó seriamente la posibilidad de recapturar la Presidencia, y por una vía sin precedente: por la de la competencia electoral real y en condiciones de equidad.

A diferencia del pasado, hoy el viejo partido ya no cuenta

con esa estupenda cubierta o campana de protección que de 1929 a 1988 amortiguó la fuerza de todas sus explosiones internas: el poder del presidente y de todo el aparato de Estado. Porque las fracturas internas no son experiencias nuevas para el PRI, pero sí lo son las condiciones en que éstas se dan. La consecuencia ha sido seis años más a la intemperie, quizá mortales para un partido acostumbrado a resguardar los huesos y que sólo se mantiene unido por la mera esperanza de recuperar el poder, derivada de la actual posibilidad de chantajear, muy a su sabor, sumando mayorías a diestra o siniestra, según convenga.

"Los inmorales nos han igualado"

Una hora y media de grabaciones[18] entre un empresario textil y el gobernador de Puebla, más otros personajes secundarios, hechas públicas en la segunda mitad de diciembre de 2005 bastó para dejar en claro la naturaleza y la persistencia del viejo y corrupto sistema político que se suponía superado. En primer lugar, el tráfico de influencias; la vergonzosa subordinación del poder público a poderosos intereses particulares que así cobraban su apoyo a la campaña electoral. En segundo, la falta total de independencia del Poder Judicial y la venalidad de los jueces, pues la procuradora de Puebla, la agente del Ministerio Público que llevó el caso y la juez que ordenó la aprehensión de la periodista actuaron obedeciendo órdenes tanto del gobernador como del empresario, que ofreció recompensas por el "servicio" prestado. En tercero, la sumisión de la policía y de los responsables de un penal a las instrucciones ilegales del empresario, ya que fue éste quien determinó cómo y en qué condiciones se trasladaría a la señora Lydia Cacho desde

Quintana Roo a Puebla y cómo se le debería tratar una vez que ingresara al penal. En cuarto, que la "prensa vendida" sigue operando. En quinto, que el lenguaje y propósitos de los involucrados revelan que la cultura política prevalente en una parte de la clase gobernante corresponde al ámbito tabernario. En sexto, que el "empresariado mexicano", que tanto gusta de exigir honestidad y eficacia al gobierno, tiene entre sus miembros a personajes de una corrupción tan alta y de una categoría moral tan baja como el que más. En séptimo, que el famoso estado de derecho es un mito genial en Puebla y en muchos otros sitios y que las denuncias de las ONG nacionales y externas por violación de los derechos humanos tienen base. En octavo, un largo etcétera.

El tango "Cambalache" es un brillante alarde lírico que podría compendiar espléndidamente lo referido; entre sus estrofas están quizá los elementos clave que describen buena parte de este fenómeno que en realidad no conoce una época de esplendor determinada, pues siempre está presente en nuestra historia:

> *Pero que el siglo veinte es un despliegue*
> *de maldá insolente, ya no hay quien lo niegue.*
> *Vivimos revolcaos en un merengue*
> *y en un mismo lodo todos manoseaos...*
> *¡Hoy resulta que es lo mismo ser derecho que traidor!*
> *[...] ¡Todo es igual! ¡Nada es mejor!*
> *¡Lo mismo un burro que un gran profesor!*
> *No hay aplazaos ni escalafón*
> *los inmorales nos han igualao...*

AMLO: CLAVES PARA EXPLICARLO

Aunque el exjefe de Gobierno capitalino no lograra la Presidencia del país, lo realmente asombroso es que el personaje haya llegado a ese punto y que, además, haya sido el eje alrededor del que giró el complicado proceso por suceder a Vicente Fox.

Desde el inicio hasta el final, AMLO fue el personaje que marcó el tono y el ritmo de las campañas de sus rivales, Roberto Madrazo del PRI y Felipe Calderón del PAN. No es exagerado afirmar que, desde muy temprano en el sexenio, la disputa política en México a nivel nacional se ha centrado en torno a él como individuo y como proyecto. El Peje supo situarse como la única alternativa real en un paisaje donde hasta hoy las marcas principales las ha dejado el brutal predominio de la lógica del mercado y la globalización y donde tiene su residencia la tercera o cuarta fortuna personal más importante del planeta a pesar de que 47% de sus habitantes están clasificados como pobres.

Independientemente de lo sucedido el 2 de julio, el dirigente originario de Macuspana ya se ganó un capítulo propio en la política mexicana contemporánea por su enorme capacidad para sobrevivir. En efecto, los adversarios del excandidato del PRD han sido y son muchos; sumados son una fuerza que debía ser aplastante, imposible de superar, y sin embargo AMLO, que se topó de frente con ellos —aunque no con todos al mismo tiempo—, llegó al final con posibilidades de triunfo más que razonables. Para valorar el esfuerzo que tal empresa ha supuesto, conviene repasar los momentos cumbre del proceso.

A menos de dos semanas de la elección, AMLO y su candidatura chocaron abiertamente con la cúpula empresarial mexicana. En efecto, el Consejo Coordinador Empresarial (CCE) se decidió a patrocinar al final de la campaña un par de promocionales por televisión que no sólo pudieran ser violatorios del Cofipe, sino que de plano, sin pudor, se montan sobre la campaña del miedo diseñada por el PAN y advierten, desde una posición supuestamente no partidista, sobre los peligros que implica no asegurar la continuidad de la actual política económica. No se necesita imaginación para deducir que el mensaje del CCE fue parte de un último y exasperado pujo por derrotar en las urnas a AMLO.

El CCE no es un enemigo cualquiera. Nació en pleno echeverrismo, en 1975, como un esfuerzo organizador de la cúpula empresarial para oponerse a la política de intervencionismo estatal. El CCE dice afiliar a 3 millones de empresas, mismas que generan 88% del PIB y 90% de las exportaciones mexicanas. Por un buen tiempo, AMLO buscó evitar la confrontación directa con el empresariado en general y sólo criticó a pocos personajes específicos —Roberto Hernández, de Banamex, por ejemplo— y a aquellos que disfrazados de empresarios son, en realidad, "traficantes de influencia".

Antes de una colisión abierta con el poderoso grupo empresarial, y que hace del cierre de la campaña un enfrentamiento de estilo "clásico" entre los dueños del capital y el

85

líder de masas, AMLO tuvo que sortear los duros efectos de una "guerra sucia" mediática bien diseñada por el PAN y que explotó a fondo el alma conservadora de la sociedad mexicana. Su argumento central fue equiparar sin mayor evidencia, vía el poder de la imagen, a AMLO con el venezolano Hugo Chávez para poder concluir que el tabasqueño representa "un peligro para México". El peligro, según los promocionales y el discurso del partido en el poder, es que, de asumir AMLO la Presidencia, retornarán el autoritarismo, la inflación, la huida de capitales y las crisis económicas.

A la vez que el perredista encaraba a sus rivales del PAN y el PRI, también tuvo que hacer frente a una bien orquestada campaña de un presidente Fox convertido en el activista número uno de su partido y, por tanto, abdicando de su posición como jefe del Estado mexicano. El golpe asestado por esta combinación de fuerzas y estrategias fue tan duro que el candidato del PRD bajó en mayo del primero al segundo lugar en las preferencias electorales. Quien, en un momento de confianza excesiva, se había declarado "políticamente indestructible" quedó al borde del abismo, aunque un contraataque empleando los mismos instrumentos que sus contrincantes lo volvió a encarrilar, pero su zona de vulnerabilidad quedó expuesta como pocas veces.

El revés de la primavera de 2006 fue confrontado por un López Obrador ya muy fogueado por la terrible lucha de 2005. En aquel año, sobrevivió a un embate político—jurídico de una magnitud no experimentada por ningún otro líder en el México moderno. El empeño del presidente por conseguir su desafuero como jefe de Gobierno del Distrito Federal para someterlo a juicio por desacato a un juez (no haber parado y sacado a tiempo la maquinaria que estaba construyendo una calle que diera acceso rápido a un hospital), y así impedir legalmente su registro como candidato presidencial, fue el pulso político más significativo de la Presidencia de Fox. El propósito de matar en la cuna las posibilidades presidenciales de AMLO significó unir con un solo objetivo a todo el gobierno federal, al presidente de la Suprema Corte de Justicia de la Nación, a la mayoría de los diputados federales del PRI y del PAN, a parte de las cúpulas empresariales y a un buen número de medios de información, locales y nacionales.

AMLO logró entonces algo que parecía muy poco probable: derrotar políticamente al presidente —y a su esposa— y a toda la coalición construida en su contra, mediante una impresionante movilización de sus apoyos en la base de la sociedad y, también, con su capacidad de despertar la simpatía de los medios internacionales ante el intento de que fuera un juez y no las urnas las que decidieran si el tabasqueño debía o no asumir la Presidencia mexicana.

Antes del desafuero, López Obrador debió superar el efecto de las imágenes en video de colaboradores suyos recibiendo dinero de un empresario o divirtiéndose en Las Vegas, más los efectos de un error al calificar despectivamente una gran demostración de ciudadanos hartos del clima de inseguridad personal en la capital. Antes, en el año 2000, debió derrotar al PAN en las urnas del Distrito Federal —ganar la Jefatura de Gobierno de la capital era la base indispensable para aspirar a la Presidencia—, lo que no fue fácil, como tampoco lo fue hacer frente a una buena parte del liderazgo de su propio partido, que no quería ver a AMLO al frente de la ciudad más importante del país.

Al final de un recuento muy incompleto de los obstáculos superados por López Obrador, ¿cómo explicar que un político nacido en Macuspana, de clase media provinciana, sin conexión familiar alguna con la clase política y sin estudios de posgrado en universidades extranjeras, estuviera a punto de lograr el puesto político más importante de México pese a haber tenido que enfrentar la oposición sistemática de las grandes concentraciones de poder en México?

No hay respuesta simple ni singular a la pregunta anterior, pero parte de la explicación se encuentra en la biografía. AMLO empezó su carrera política trabajando en las comunidades indígenas de Tabasco y, por decisión propia, nunca se ha despegado del suelo y del subsuelo social. Así pues, la explicación debe partir del carácter, de una opción por la izquierda que fue tomada hace mucho, cuando la Presidencia ni siquiera aparecía en el horizonte del personaje. A diferencia de sus rivales, a López Obrador se le puede ver como alguien que se propuso conocer directamente las claves —y pagar el precio— para activar parte de la gran fuerza política que desde siempre ha estado disponible en el "México profundo". Una y otra vez el personaje corrió el riesgo de ser destruido, pero, tras cada uno de los enfrentamientos, su experiencia política aumentó al punto que, sumada, pocos son los que la igualan.

EL DESAFUERO

Zancadilla fallida

Domar es desbravar, amansar, moderar y hacer dócil a la fiera para poder convivir con ella de manera útil. Justamente eso es lo que parecía que la sociedad mexicana había logrado hacer en los últimos años con su vida política, esa fiera sanguinaria nacida y desarrollada en las guerras civiles de los siglos XIX y XX y en los caciquismos y represiones de la pax priísta. Sin embargo, cuando por fin todo apuntaba a la posibilidad de hacer de nuestro proceso político una "fiera domada" gracias al advenimiento de la democracia, una serie de decisiones basadas en la prepotencia, malos cálculos y en una buena dosis de estupidez puede hacer que resurjan en la política los malos instintos que creíamos domeñados: los propios del juego del todo o nada del poder. Y el peligro no sólo es volver a desperdiciar tiempo y energía que deberíamos dedicar a salir del atraso, sino que volvamos a crear las condiciones de un enfrentamiento interno en una sociedad que históricamente es propensa a caer en juegos de suma cero: el que gana, gana todo, y al perdedor no le queda otra salida que desaparecer o volver a intentar la búsqueda de ese todo o nada, que es la esencia de una relación antidemocrática.

En *La fierecilla domada*, Shakespeare creó lo que puede tomarse como farsa, pero que terminó siendo una estupenda comedia de carácter: la forma en que Petruchio, el esposo de personalidad fuerte e inteligente, poco a poco domina a esa joven volcánica que es Catarina. El desenlace consiste en mostrar cómo la inteligencia y la sensibilidad pueden moderar a un carácter fuerte sin destruir su vitalidad. En contraste, la vida política del México de nuestros días pareciera buscar el embravecimiento de la fiera, y escribir el proceso como una nueva saga.

En esta tragedia potencial, a la bestia política que tras un par de siglos ya parecía haber sido domada por la sociedad mexicana, se le condujo a base de golpes legales, pero injustos, a un callejón sin salida. Ese acorralamiento de una de las fuerzas políticas que finalmente había aceptado que las elecciones eran el medio adecuado de conducir la disputa por el poder —la izquierda—, resultó un proceso que, bien pensado y sopesado, no le convenía ni a la derecha.

El choque entre el presidente de la República y el jefe de Gobierno de la capital del país se dio casi desde el momento mismo en que ambos tomaron posesión de sus respectivos puestos. Al inicio, ese conflicto fue visto como natural e inevitable, pues cada uno representaba opciones políticas distintas. En todo caso, AMLO estaba construyendo su candidatura presidencial, aunque frente a los reflectores se cuidara de aparecer renuente. A poco el enfrentamiento se agudizó y se llevó al extremo cuando se dibujó la esperpéntica posibilidad de convertir a la esposa del presidente en candidata para sucederle al frente del Poder Ejecutivo. Luego, la posibilidad de Marta Sahagún como aspirante a la Presidencia se desdibujaría, pero el conflicto Fox-AMLO ya se había consolidado en los medios y escalado al

90

punto que terminó por colocarse en el centro del proceso político. La dinámica de esta colisión ya no se explicó sólo por la ambición de la señora Sahagún, sino de algo menos epidérmico, más profundo y peligroso: el temor de sectores tan conservadores como privilegiados que, en una sociedad tan desigual como la mexicana, se asustaron de lo que imaginaban que sería la política económica y social de AMLO. Y entramos así en un círculo vicioso. Para resistir a su exclusión de la contienda electoral, AMLO y los suyos empezaron a recurrir a la movilización de sus bases, lo que incrementó en proporción directa el temor a la actividad política de "las clases peligrosas" de los que se encuentran en la cúspide de la pirámide social.

En el reporte de 1999 de la Freedom House sobre el estado de la democracia en el siglo XX, se señala que la característica distintiva de ese régimen político es que en él, la oposición siempre tiene la oportunidad legítima de participar y acceder al poder mediante procesos competitivos y pluripartidistas, donde se cuente con la presencia de múltiples candidatos. Sin Andrés Manuel López Obrador, una parte sustantiva de la oposición quedaba sin la posibilidad de participar y acceder al poder por la vía de la competencia electoral a pesar de tener la voluntad de hacerlo. Podría haber, pese a todo, una multiplicidad de candidatos, pero ya no de opciones. En esas condiciones, era inevitable que la legitimidad del proceso fuera puesta en duda. Es verdad que la energía política de los excluidos podría diluirse en un mar de apatía. Sin embargo, no es difícil suponer que algunos no aceptaran lo que, en la práctica, equivaldría al retorno del PRI al poder, o a la continuidad de la mediocridad del panismo-foxismo.

Desde el inicio de la vida política de México como entidad nacional y soberana, las divisiones de su clase política

91

han sido tanto reflejo como causa de una gran polarización y división social preexistente. Disminuir la gran polarización de clases heredada de nuestro pasado colonial ha sido una tarea pospuesta o cumplida a medias y que, en cualquier caso y en la mejor de las circunstancias, va a tomar varias generaciones más antes de que pueda ser completada. Evitar que esa división social se refleje en la política y desemboque en ingobernabilidad es una tarea posible pero que requiere inteligencia y una buena disposición de los liderazgos para negociar y no llevar sus diferencias al choque abierto.

En la búsqueda de una explicación lógica en torno al proceso iniciado por el gobierno federal en contra del entonces jefe de Gobierno del Distrito Federal, en mayo de 2004, no queda más que reducir toda la complejidad a una dicotomía: se trató de una cadena de errores del presidente Fox al asumir como par al jefe de un gobierno local y entrar en un debate diario que, en cadena nacional, impuso el tabasqueño y que fue tomado por muchos como una auténtica revisión de la agenda nacional. Además, queda claro que el nuevo 1988 se empezó a preparar de tiempo atrás. Los dueños del poder no volverían a ser sorprendidos por un resultado no deseado en las urnas.

En vez de "ratones locos" o "caída del sistema" como hace años, se debía usar algo más sofisticado: primero dar forma a un IFE donde sólo tuviera presencia el duopolio PRI-PAN —maniobra que, por otra parte, el PRD no impugnó jurídicamente. Y, sobre todo, proceder a la "inhabilitación patriótica" del único candidato viable de la izquierda. De esta manera, se suponía, en el 2006 el resultado será equivalente al de 1988, pero más "limpio", pues llegada la hora de las urnas, la izquierda no debería tener ninguna posibilidad. Además de la ambición subyacente se usó como detonante el miedo de las cúpulas políticas, empresariales, eclesiásticas e intelectuales, un miedo que viene de muy atrás: desde que un virrey fue sorprendido por los resultados de aquellas primeras elecciones que se hicieron bajo el marco de la Constitución de 1812. Para los responsables de hoy, es preferible una elección sin contenido ni legitimidad, aunque desembocara en la permanencia del PAN en el poder, o incluso el retorno del PRI, a la verdadera incertidumbre democrática.

En cualquier caso, es claro que al buscar asegurar en algún tipo de derecha el sexenio 2006-2012, el capitán de la nave del Estado decidió, en la parte final del sexenio, llevarla por una ruta innecesariamente peligrosa: una fuera de la lucha electoral legítima, es decir, con opciones reales, significativas y donde se dejara la última palabra al elector.

Un colaborador del expresidente Fox, Francisco Barrio, aseguró que al inicio de su mandato, el presidente afirmó que él no estaba dispuesto a llevar adelante una política que trocara lingotes de oro por cacahuates. La frase se pronunció en el contexto del rechazo presidencial a negociar el oro moral que significaba imponer un castigo ejemplar a los dirigentes del sindicato de Pemex que desviaron ilegalmente más de un millar de millones de pesos que le habían sacado a la gran empresa paraestatal, para pasárselos al PRI como contribución ilegal a la campaña presidencial de Francisco Labastida en el 2000.

Los supuestos cacahuates eran ni más ni menos que la posibilidad de trocar el desistirse de la acción penal contra los líderes petroleros por el apoyo del PRI en el Congreso a su propuesta de reforma fiscal. Al final, el presidente maniobró de tal manera que se quedó sin lingotes y sin cacahuates. Fox nunca logró la reforma fiscal que buscaba —por eso tuvo que seguir desangrando con impuestos excesivos a la industria petrole-

93

ra—y el liderazgo corrupto del sindicato de Pemex sigue disfrutando de su tradicional impunidad.

Como candidato, Fox sostuvo que la suya sería una política de naturaleza muy diferente de la del viejo régimen, una guiada por consideraciones éticas; la que se requería para que el mexicano que apenas en el siglo XXI había podido estrenarse como ciudadano, se quitara la coraza de cinismo que había adquirido con el correr de los siglos y viera a la política como una actividad digna, que le competía y le comprometía. La realidad terminó por ser muy distinta o, mejor dicho, mostró que sigue siendo la de siempre. La decisión de buscar a como diera lugar el desafuero, el juicio y la inhabilitación de López Obrador fue una decisión donde el velo de la legalidad no alcanza a tapar la absurda desproporción entre la supuesta causa de la acusación y lo que estaba en juego: la legitimidad de la elección presidencial.

No deja de llamar la atención que ese maquiavelismo foxista se usara para acabar con lo mejor del foxismo original: su compromiso con la democracia política y la renovación moral de México. En efecto, el presidente, su círculo íntimo, lo mismo que la dirigencia del PRI supusieron que si en las boletas electorales de 2006 no aparecía el entonces jefe de gobierno capitalino, la posibilidad de un triunfo electoral de la izquierda se desvanecería, pues las encuestas mostraban que ningún otro posible candidato del PRD tenía el arrastre de López Obrador.

Las elecciones para seleccionar a los representantes políticos de nuestra sociedad se introdujeron en las postrimerías del régimen colonial, en 1812-1813. Según Virginia Guedea, ésas fueron unas elecciones inocentes. El virrey no pensó en alterarlas porque tampoco imaginó que los electores fueran

94

a mostrar una vocación por la independencia y no eligieran a esas personalidades que la autoridad virreinal había señalado como dignas de ostentar el cargo. La sorpresa y el desagrado ante los resultados de unos comicios en que triunfaron los que "no debían" —incluidos algunos "Guadalupes" e indígenas en la ciudad de México— hicieron que la práctica no se volviera a repetir.[1] Cuando México logró su independencia, entre el bagaje político de sus dirigentes se contaba una gran desconfianza contra las "clases peligrosas", es decir, los descontentos y los pobres, que eran la mayoría de la nación.

A lo largo del siglo XIX, las elecciones, en la medida en que las hubo, fueron ejercicios sin sentido. Porfirio Díaz, con el uso del ejército y de los "jefes políticos" perfeccionó un arte ya practicado por Benito Juárez: el de controlar las mesas electorales para predeterminar los resultados, aunque de tarde en tarde y pese a todo, en elecciones locales, la oposición producía resultados que requerían ser anulados por algún otro medio a disposición del poder. En suma, y por lo que a conducta electoral se refiere, las clases peligrosas debieron ser controladas.

La Revolución mexicana nació de un compromiso explícito a favor de un cambio, a favor del "sufragio efectivo", pero desde el inicio se violó ese compromiso. Y lo conquistado por la fuerza de las armas, no se perdería en las urnas. Como en el Porfiriato, el calendario electoral del nuevo régimen se observó puntualmente, pero nunca se dejó en manos de los electores el resultado final, sobre todo después de la creación del PNR, en 1929, así como en sus transformaciones en PRM y en PRI. El partido de Estado fue una máquina casi perfecta para producir resultados electorales a petición de sus jefes.

La inutilidad de la lucha electoral, sobre todo después de los fraudes de 1940 y 1952, llevó a una parte de la izquierda

95

a buscar una salida al estancamiento de la vida política por la vía de las armas. Sin embargo, el fin de la guerra fría y el avance de la Tercera ola democrática en el mundo abrieron el espacio que, en el año 2000, convirtió en realidad lo largamente deseado como forma de modernizar y civilizar la vida política mexicana: elecciones entre opciones diferentes y con resultados creíbles. No obstante, lo que no cambió, y lo vemos ahora, es la desconfianza de los herederos del virrey Venegas en las decisiones políticas de la mayoría.

La ciudadanía y la oposición en México gastaron enormes recursos humanos y políticos para llegar a tener en 1997 y, sobre todo, en el 2000, un buen mecanismo electoral. Pese a tener estancada su economía, México gastó —y gasta— una fortuna para mantener al IFE y al sistema de partidos como un mecanismo capaz de llevar la lucha política por cauces institucionales y evitar que se desborden las duras contradicciones entre los intereses de clase, grupo y regiones. Sin embargo, el miedo del expresidente y de las cúpulas que lo rodeaban, los llevó a decidir que el conflicto político debería conducirse por el único camino donde tenían asegurada la ventaja. El camino a las urnas que diseñaron antes debía pasar por la Cámara de Diputados primero, y por el sistema judicial después, para inhabilitar al contrincante real.

Juan Marsé, el escritor catalán, principia así su última novela *Canciones de amor en el Lolita's Club*: "El comportamiento de un cadáver en el mar es imprevisible". Con variantes, la propuesta puede ser trasladada a la política mexicana. Es verdad que nuestro sistema político no es un cadáver, aunque pudiera serlo, pues han intentado herirlo de gravedad en su órgano vital democrático —el de las reglas del juego limpio electoral— y flota en el mar de la desigualdad social y a merced de las duras corrientes de problemas insolubles —sociales, económicos, culturales.

La insatisfacción actual es producto de una decisión tomada o aceptada por las cúpulas del poder político, económico y, quizá, religioso, para no someterse a las reglas de la incertidumbre democrática. Esta última exige, entre otras cosas, que en las urnas se den cita todas o, al menos, las principales fuerzas políticas organizadas y que gane la que cuente con mayor apoyo ciudadano. Sin embargo, como los sondeos mostraban que quizá la izquierda, encabezada por Andrés Manuel López Obrador, podía alcanzar el triunfo en julio de 2006, quienes controlaban este poder, y de acuerdo con el viejo partido de Estado, decidieron eliminar la opción electoral que les atemorizaba.

En efecto, y para resumir lo que todos saben, en la ciudad de México tuvo lugar un conflicto de intereses, como el que hay miles y son inevitables, entre Promotora Internacional Santa Fe y una dependencia del gobierno de la ciudad de México. Promotora se inconformó con el intento del gobierno de abrir una calle de doscientos metros en un terreno denominado "El Encino" para dar acceso a un hospital. En el proceso de construcción de la calle se crearon dos taludes de veinticinco y trteinta metros que significaban un obstáculo para el acceso al terreno. Un juez ordenó que los trabajos del gobierno se detuvieran y éstos se detuvieron, aunque no en el punto y tiempo exactos. Por esta falla burocrática, que es una entre muchas de naturaleza similar, el gobierno federal pudo sostener legalmente que el jefe de gobierno y sólo él, y no sus subordinados, había violado la ley, y debía perder el fuero y ser procesado como un infractor de una norma.

En el sistema legal mexicano —herencia del antiguo

régimen autoritario—, el acusado se ve envuelto en un largo proceso durante el cual se le suspenden sus derechos políticos; el sujeto en cuestión queda inhabilitado para ser candidato a un cargo de elección popular hasta en tanto no exista una condena absolutoria o condenatoria.

No deja de ser significativo que esta disposición va a contrapelo de lo que sucede en el resto del mundo, pues sólo en México y en El Salvador el mero hecho de que alguien esté acusado de un delito que merezca pena corporal le priva de sus derechos políticos. En suma, el castigo se inicia antes de probarse la culpabilidad.

Así, en virtud de un asunto menor en cualquier otro país, los partidos que formaban la mayoría en el Congreso le quitaron a López Obrador el fuero y el puesto para el que fue electo por la mayoría de los habitantes del Distrito Federal.

Para los adversarios de AMLO lo importante no era decidir quién sería el sucesor de Fox, sino quién no lo sería. El objetivo era eliminar legalmente la posibilidad de un triunfo de AMLO en las urnas y de un movimiento social cuyo núcleo pudiera ser el PRD.

Formalmente, el PRD no habría sido eliminado de la contienda, pero al privarlo de su mejor candidato, se aseguraba su preservación como una fuerza relativamente menor. Según las encuestas, con cualquier otro candidato que no fuera AMLO, el PRD podría conquistar, en el mejor de los casos, un segundo lugar en las urnas, pero nunca el primero. Ahora bien, en un sistema presidencial y no parlamentario como el nuestro, el primer lugar es lo que cuenta, pues nuestro sistema está diseñado para que quien gane por mayoría, aunque sea relativa, se lo lleve todo a nivel del gobierno federal. Un PRD que permaneciera con vida y que fuera testigo, pero que no afectara los intereses creados, era la mejor solución desde el punto de vista de sus adversarios, pues la democracia seguiría viva, pero tutelada por la derecha.

Una vez que el PAN absorbió el shock de haber quedado en tercer lugar en las fraudulentas elecciones de 1988, advirtió que el enemigo real no eran Carlos Salinas y el PRI, sino Cuauhtémoc Cárdenas y su partido. De ahí que desde 1989 el PAN, bajo la dirección de Diego Fernández de Cevallos y Carlos Castillo Peraza, diseñara una colaboración negociada con Salinas, de la que salieron la legitimidad a posteriori de Salinas, las primeras gubernaturas panistas, las leyes que pondrían fin a la reforma agraria, la incorporación de la Iglesia católica al proceso político, la privatización de la banca, el Tratado de Libre Comercio de la América del Norte, etcétera. Esa misma colaboración llevó a que, en 1994, el candidato panista no se convirtiera en competidor real del candidato presidencial "emergente" del PRI, Ernesto Zedillo, y que, de hecho, ayudara a neutralizar cualquier posibilidad de que se repitiera el éxito cardenista de 1988, y se logró. En el año 2000, con el cardenismo en el tercer lugar, fue posible la alternancia a favor de Vicente Fox.

Conviene recordar que la victoria de Fox abrió la posibilidad de dar un golpe contundente al PRI, quizá definitivo, pero el triunfador y su partido recularon ante tal idea. Al contrario, desde el inicio se incorporó a personal del viejo régimen al gabinete y al PRI se le ofreció "cogobernar" el cambio. El resultado se ve hoy: la transición se ha estacionado en algún punto entre el viejo autoritarismo y la democracia real.

En esta época marcada por el sello de la globalidad, toda estructura política en problemas tiene un conjunto de *Big Brothers* (en el sentido que George Orwell dio al término) que lo vigilan. Y esos vigilantes que ven (casi) todo, no son otros que los medios de información masiva de las grandes potencias y de otros países con interés particular en un sistema. Cuando Vicente Fox y su partido eran oposición, recurrieron a la prensa extranjera para que registrara y difundiera los pormenores —trampas e injusticias— de su desigual combate contra el PRI y en favor de la democracia electoral.

Este "factor externo" no es nuevo, de hecho ha intervenido en todos los procesos políticos mexicanos de importancia de los últimos cinco siglos. Sin embargo, el papel de la prensa —y de la televisión— extranjera es hoy mayor que nunca antes. En esta época de la comunicación instantánea y donde ya no hay "cortinas de hierro" o "cortinas de nopal" que valgan, nada sustantivo de lo que ocurra en nuestro país puede pasar inadvertido ni dejar de causar reacciones en el entorno internacional, reacciones que bien pueden ir más allá de formar opinión, pues pueden producir efectos entre quienes toman decisiones.

Si el estado de la democracia mexicana en tiempos de Vicente Fox era decepcionante, hoy es alarmante. Resulta difícil de creer que no han transcurrido cinco años de la emocionante derrota y fin del largo periodo del gobierno del Partido Revolucionario Institucional, cuando ese partido y el de Fox, el Partido Acción Nacional, ya están conspirando para impedir que un popular candidato de la izquierda quede fuera de la competencia electoral. Se trata de una decisión absurda que mancha la credibilidad del sistema político, de un tiro que puede salir por la culata, pues la popularidad de López Obrador ha aumentado.

100

La cita corresponde no a un documento del PRD, sino a *Los Angeles Times* (los artículos de la prensa extranjera aquí citados fueron publicados losprimeros cuatro meses de 2005), pues una de las primeras y más importantes reacciones en el exterior al intento de eliminar a AMLO como candidato presidencial se reflejó en la forma como la prensa extranjera —primera fuente de información pública para las elites del mundo— reportó el hecho. Desde Francia, *Le Monde* señaló que el argumento del gobierno en el sentido de que la acusación fincada a AMLO tiene por objeto mostrar que nadie está por encima de la ley "es un argumento que no convence a nadie en un país donde la justicia es una geometría variable" y donde los responsables de escándalos como los protagonizados por la organización Amigos de Fox o por el financiamiento ilegal del PRI por parte del sindicato petrolero se han beneficiado de una impunidad sistemática. Para *The New York Times* fue claro que "en un país donde quedan sin resolverse casos de malversaciones multimillonarias, la mayoría de las personas simplemente no consideran que las acciones tomadas contra el señor López sean una marca de ley y orden". *Los Angeles Times* resumió así la naturaleza de la acusación y del castigo que se pretende dar a AMLO por intentar abrir una calle para comunicar el hospital ABC en Santa Fe: "[en] un país acostumbrado a una corrupción rampante, a un Poder Judicial débil y a una cultura de abuso del poder por parte del Ejecutivo, los cargos [contra AMLO] son equivalentes a una falta al reglamento de tránsito, la cual difícilmente se puede considerar el tipo de crimen mayor que justifique un proceso como el de desafuero".

En un artículo de opinión aparecido en *The New York Times,* Bruce y John Ackerman desmenuzan la acusación contra AMLO y concluyen que la PGR nunca llegó a demostrar que

101

el jefe de Gobierno del Distrito Federal hubiera tomado la decisión de desobedecer la orden judicial de detener los trabajos de vialidad en El Encino. Hacer responsable al tabasqueño, y no a sus subordinados, es una acción contraria a los principios legales bajo los que se le quiere juzgar, pues tales principios enfatizan la responsabilidad personal. Finalmente, de aplicarse siempre el rasero con el que hoy se acusa a AMLO, "cualquier alcalde de cualquier ciudad importante, se convertiría en criminal cien veces al día".

Fue *The Washington Post* el periódico que puso en boca del personaje que el presidente Fox nombró para mantener el contacto con la prensa extranjera, Agustín Gutiérrez Canet —antiguo funcionario de la cancillería—, las siguientes palabras: "La intención del presidente Fox es mantener el imperio de la ley, pero no ha convencido a la opinión pública ni de aquí ni del extranjero. Lo anterior es un hecho, y nosotros lo aceptamos". De ahí que según el funcionario, la Presidencia ya había considerado la posibilidad de usar su poder de indulto para deshacer el nudo gordiano. La extraordinaria —por sincera— declaración de Gutiérrez Canet fue desautorizada de inmediato por su superior, pero eso no invalida el que, dentro de Los Pinos, alguien aceptara que la versión oficial en torno a la naturaleza de la crisis política mexicana no convencía a nadie en el exterior.

Algunos diarios extranjeros, como *The New York Times*, definieron al jefe de Gobierno de la capital mexicana como un populista, "cada vez más demagógico", pero, a la vez, concuerdan en que ése no es el punto importante, sino que su aceptación o rechazo no puede ser resultado de maniobras desde el poder, sino de la voluntad de los mexicanos expresada en las urnas y sólo en las urnas. *Los Angeles Times* hiló mucho más fino para explicarse la popularidad de AMLO, popularidad que, por cierto, ninguno de los diarios mencionados negó. El diario angelino, citando a Rogelio Ramírez de la O, señaló que el gasto asignado por AMLO en beneficio de las personas mayores de 70 años en el Distrito Federal —64 dólares al mes— implica una erogación anual de 342 millones de dólares, pero que esa partida se satisfacía con un ahorro previo en el gasto administrativo del gobierno capitalino mucho mayor, pues equivalía a 721 millones de dólares anuales. Desde Inglaterra, *The Economist* vio la candidatura de AMLO con perspectiva y sin alarma, pues "[pese] a toda su retórica populista, el austero jefe de gobierno no ha dado señales de fundamentalismo ideológico como, por ejemplo, Hugo Chávez, el presidente de Venezuela. Además, difícilmente se puede considerar al PRD un partido de la izquierda radical".

Para una parte de la prensa extranjera, la presión para impedir que apareciera en las boletas electorales AMLO popular no venía sólo de sus adversarios políticos evidentes —el presidente y las dirigencias del PAN y el PRI—, sino era impulsada por los altos círculos empresariales, preocupados no sólo por la posibilidad de un aumento en el gasto social, sino por las críticas de AMLO a un modelo económico que no ha producido el crecimiento prometido y que, en cambio, ha aumentado el golfo entre pobres y ricos, hecho que los diarios referidos no negaron. *The Boston Globe* admitió que el "populismo" del jefe de gobierno de la capital mexicana "le ha ganado la admiración de millones de mexicanos comunes por sus programas contra la pobreza y también por sus críticas a la política de mercado que ha fallado en la solución de los problemas del desempleo mexicano", pero por eso "ha alarmado a muchos de los miembros de la elite política y empresarial de México, a la que Ló-

103

pez Obrador culpa de las acciones legales que buscan impedir su candidatura al puesto superior".

Sergio Aguayo subrayó la diferencia existente entre la reacción de la derecha internacional y la local ante el "fenómeno AMLO"; relativamente mesurada la primera en comparación con la segunda.[2] Pues bien, Meyerson Harold Meyerson, en un artículo aparecido en el *The Washington Post*, decidió resaltar otro tipo de diferencia: la que existe entre la posición del gobierno estadunidense con respecto a la democracia en general y la que ha adoptado en el caso de México.

Veamos la esencia de esta argumentación. La manifestación del 7 de abril de 2006 en el Zócalo de la ciudad de México congregó, según cifras de la prensa extranjera, entre 200 mil y 400 mil personas. Los manifestantes exigían el muy legítimo respeto a su derecho de optar en las urnas por un abanico que incluya al candidato más popular. Si una manifestación semejante hubiera tenido lugar en Ucrania, Líbano o en Kirguizistán, afirma Meyerson, no hay duda de que la secretaria de Estado, Condoleezza Rice, la hubiera saludado con entusiasmo, por ser un indicador más de que la democracia se está abriendo paso entre las ruinas de viejos autoritarismos. El propio presidente George W. Bush, en su segunda toma de posesión, declaró solemnemente que Estados Unidos se comprometía a dar apoyo a todos los que demanden democracia. Por eso se ordenó la invasión de Iraq, y por eso también se advirtió a las antiguas repúblicas soviéticas y a los países del Medio Oriente que "[los] líderes de aquellos gobiernos acostumbrados de tiempo atrás a mantener el control, para bien servir a su pueblo, ahora deben confiar en él".

La indiferencia de Washington, dice Meyerson, tiene este mensaje implícito: "¿Democracia en Ucrania?, que surja.

¿En Líbano?, que cuente con nuestro apoyo. ¿En Kirguizistán?, que se echen a vuelo las campanas. ¿En México?, ¿dónde queda ese país?". Desde la perspectiva externa ilustrada, lo fundamental en México es mantener su estabilidad con base en la nueva legitimidad. De ahí que *The New York Times* dijera al respecto: "Dejen que decidan los votantes mexicanos". Lo contrario, señalaba *The Washington Post*, puede resultar en "un desastre para el sistema político mexicano y, quizá, para su estabilidad de largo plazo". *The Economist* expresó que seguir adelante con el desafuero de AMLO sería "un gran paso atrás" para la "incierta democracia mexicana" porque el supuesto delito no es proporcional al castigo y, lo más importante, porque a ojos de muchos, todo el proceso resulta muy parecido al tipo de política que prevalecía antes del supuesto cambio de régimen en el 2000.

La teoría y, sobre todo, la propia experiencia histórica demuestran que, en principio, ningún sistema democrático está a salvo de retrocesos o de crisis que pueden arruinarlo, sobre todo en su etapa inicial, cuando es particularmente vulnerable. En el caso de México, el peligro de involución política dejó de ser mera posibilidad para convertirse en algo real. Rusia, por ejemplo, si bien no está de regreso al pasado totalitario, tampoco está marchando por la ruta prevista y deseable: la que lleva a la creación y consolidación de instituciones que aseguren el libre acceso de todos a la arena política, una división real de poderes, moderación en el ejercicio del poder del Estado y la correcta impartición de justicia.

Para adentrarnos en un tema tan delicado como es la posibilidad de que se produzca una "desdemocratización" mexicana, conviene partir de un hecho que, no por obvio, deja de ser importante: desde sus orígenes hace más de dos milenios y medio, la democracia siempre ha tenido adversarios fuertes, al punto que, por largos periodos de la historia, desapareció de la faz de la tierra. En el caso del México contemporáneo, el experimento democrático, por ser tan nuevo y por darse en el seno de una sociedad con una tradición autoritaria centenaria, tiene menos defensas que otros para hacer frente a situaciones adversas.

En plena segunda guerra mundial, Joseph Schumpeter, un economista austriaco radicado ya en Estados Unidos, elaboró una teoría mínima de la democracia que se centra en los procedimientos políticos. En efecto, según Schumpeter, la esencia de esa forma de gobierno supone que en periodos determinados y con reglas previamente acordadas, todos los ciudadanos son convocados para que, mediante la libre emisión de su voto, expresen su preferencia entre las opciones que les presenta el sistema de partidos. Ahora bien, para que al menos esta definición mínima de la democracia tenga sentido, es requisito insustituible que las personas y partidos que aparezcan en las boletas reflejen las opciones ideológicas que existen en la sociedad en cada época. Si alguien manipula el proceso electoral y deja fuera a determinado personaje y programa que encarna una opción política sustantiva, entonces puede haber elecciones, pero no democracia.

Lo adverso de las condiciones para la democracia mexicana se encuentra, además de en su historia (no hay experiencias sustantivas de las cuales echar mano), en el mal comportamiento de las variables económicas. Es verdad que el año pasado el crecimiento del PIB fue superior a 4%, pero no hay posibilidad en el corto plazo de alcanzar ese 7% que se considera la meta mínima para crear los empleos que la fuerza laboral del país demanda. Por otra parte, no debe olvidarse que este impulso positivo del PIB estuvo precedido por varios años de estanca-

106

miento, lo que hoy explica la sensación colectiva de inconformidad y desaliento. Teóricos como Adam Przeworski y Fernando Limongi han encontrado que es muy difícil que la democracia se desarrolle con vigor en sociedades donde el ingreso per cápita promedio no es superior a los 6 mil dólares anuales.[3] Pues bien, en nuestro país, ese indicador económico clave apenas si sobrepasa el monto considerado como crítico: en 2004 fue calculado en 6 mil 419 dólares. Estamos, por tanto, en el límite de lo peligroso. En nada ayuda al buen funcionamiento de la política el que la distribución de esa riqueza sea tan desigual y que la mitad de la población esté clasificada como pobre, pero que, a la vez, haya fortunas familiares superiores a los 20 mil millones de dólares. La igualdad democrática no puede funcionar de manera óptima en un entorno dominado por una desigualdad material tan notable.

El otro enemigo soterrado de la democracia política mexicana se encuentra en los grupos empresariales que temieron un triunfo de López Obrador por la posible afectación a sus intereses a partir de investigaciones sobre hechos de corrupción en el pasado inmediato, negativa a la privatización del sector energético y una política fiscal redistributiva. Claro que, en público, ese sector argumentó su desconfianza al candidato del PRD como oposición a un "gasto irresponsable", ejemplificado por los subsidios en el Distrito Federal a los mayores de 70 años.

Sin embargo, la falla personal del expresidente, aunque grande, no se compara con la falla mayor: la del PAN. Ese partido cuyos diputados federales votaron con una disciplina ejemplar para quitarle el fuero al jefe de gobierno, pero que unos días más tarde se negaron a hacer lo mismo con uno de los máximos representantes de la gran corrupción del antiguo régi-

107

men —el senador y líder sindical de Pemex, Ricardo Aldana, responsable de una corrupción cuyos montos alcanzan los miles de millones de pesos.

Quienes echaron a andar la maquinaria que conduciría al enjuiciamiento del político tabasqueño, así como esa mayoría de diputados que les secundaron con entusiasmo, no tuvieron ningún empacho en poner en peligro el sistema democrático y, por tanto, el futuro político de México. Un viejo dicho anglosajón sostiene que "todo está bien si termina bien" (all is well if it ends well). Quizá, pero en relación con esa crisis desatada por el intento del gobierno y sus aliados de eliminar de la arena electoral a su principal adversario ideológico de manera "fullera",[4] nadie puede asegurar que el capítulo quedó cerrado, pues si bien las causas que la provocaron se han difuminado, no han desaparecido.

Es verdad que cuando ya estaba muy cerca del punto de no retorno —ése donde se descarrilaría todo lo logrado hasta ahora para hacer del mexicano un sistema político moderno, confiable y genuinamente representativo de la pluralidad existente—, el presidente Fox dio un "volantazo" que abrió la posibilidad de volver a encarrilar el proceso. Sin embargo, ya se había incurrido en costos que tenían que pagarse. Y una forma de hacer la lista de esos daños es analizar algunos de los temas que aparecen en el discurso presidencial de ese miércoles 27 de abril de 2005, pasadas las ocho de la noche, en que se anunció el "gran viraje" y se sacrificó a quien encabezaba la operación de Estado para inhabilitar al adversario más fuerte de la continuidad en el poder de la derecha: el general de brigada y abogado Rafael Macedo de la Concha, procurador general de la República.

El punto de partida de dicho documento es un acto de

fe, pero también, a la luz de lo acontecido, es una afirmación difícil de sostener: "El presidente de México cree en la democracia". En política a los líderes se les juzga menos por lo que propongan como su credo y más por sus acciones. Y es claro que en el último año Fox permitió que los más duros de su entorno la emprendieran con todo contra el líder más importante de la oposición a su gobierno y proyecto. Si la idea era negar la viabilidad del "populismo" del tabasqueño y del PRD en su conjunto, el foxismo debió y pudo enfrentar a López Obrador no con una maniobra legal muy forzada para inhabilitarlo en el 2006, sino poniendo al descubierto las contradicciones y fallas de su administración —en materia de seguridad, vialidad y transporte, control de la corrupción policiaca y administrativa, falta de transparencia en la rendición de cuentas, subsidios, aumento del ambulantaje, etcétera— y formulando buenas contrapropuestas en el campo de las ideas políticas.

Es posible argumentar que Fox, su esposa y su círculo de colaboradores inmediatos no confiaron en que la crítica a las fallas del gobierno capitalino y la confrontación de ideas y proyectos de gobierno resultaran suficientes para derrotar al "Proyecto alternativo de nación" de AMLO, porque el historial de las acciones del gobierno federal no eran un buen ariete para derrumbar en las encuestas al jefe de gobierno de la capital. En efecto, el Poder Ejecutivo nunca atacó de frente la corrupción que heredó, nunca ventiló, como prometiera, los rincones pestilentes del rescate bancario. El foxismo dejó ir impunes a los "peces gordos" de la corrupción priísta y le faltó voluntad para encarar a los grandes criminales del viejo régimen y sus, ésos sí, enormes abusos de poder. ¿Con qué autoridad moral o política la PGR podía llevar ante un juez a un supuesto "desacatador" de no parar a tiempo la construcción de una ca-

109

lle si no le importaba permitir que siguiera envejeciendo en la comodidad de su casa, y con toda la parafernalia de expresidente, Luis Echeverría, corresponsable de la matanza del 68 y responsable directo de la matanza de 1971?

El 27 de abril de 2004 Fox afirmó: "Fortalecer nuestra naciente democracia es la más alta responsabilidad que nos exige la realidad política". Si esa hubiera sido su convicción, entonces ¿para qué embarcar por meses a toda la maquinaria del Estado en un intento por reducir la elección de 2006 a una contienda entre el PRI y el PAN? Las cifras disponibles de las encuestas señalaban que sin AMLO el PRD no tenía ninguna posibilidad de ser una opción real de gobierno. Unas elecciones predeterminadas por un bipartidismo forzado iban a contrapelo de lo que exigía "la realidad política".

"Siempre será mejor para nuestro México nuestra disposición al diálogo y no al desafío", dijo el presidente. Luego, tras asegurar que "mi gobierno a nadie impedirá participar en la próxima contienda federal", reiteró: "El intercambio sereno de razones nos permitirá encontrar los acuerdos que garanticen el derecho y la convivencia democrática".

Entonces ¿por qué, cuando AMLO insistió en un diálogo directo con Fox a propósito del caso de "El Encino", el presidente se mostró reticente, y cuando finalmente se encontró con el jefe de gobierno el 29 de septiembre de 2004 en Los Pinos, lo hizo en condiciones tales que el diálogo fue imposible? Al recibir a AMLO por 45 minutos en compañía de Santiago Creel —el precandidato presidencial panista anunciado y beneficiario directo del proceso de inhabilitación de AMLO—, el presidente anuló toda posibilidad de un intercambio franco de ideas. En realidad, y según lo dijo a la prensa el propio presidente, la reunión sirvió para informarle a AMLO que "nada de ese tema

110

[el de El Encino] se va a arreglar en Los Pinos".[5] Obviamente ésa no fue una disposición al diálogo, sino el deseo de cubrir el expediente y seguir adelante con el proyecto original.

La verdadera "disposición al diálogo" en torno al conflicto entre el poder federal y el poder local de la capital mexicana, la tuvo Fox con el presidente de la Suprema Corte de Justicia de la Nación, con la cúpula priísta, con la elite empresarial y con otros actores importantes, y tuvo como propósito tratar de impedir que el jefe de gobierno del Distrito Federal participara en la contienda federal.

En la declaración del 27 de abril de 2004, el presidente prometió que "la procuraduría revisará de manera exhaustiva el expediente de consignación del jefe de gobierno del Distrito Federal, buscando preservar dentro del marco de la ley la mayor armonía política del país". Lo anterior es lo opuesto de lo que Fox declaró tras la fallida reunión en Los Pinos con AMLO: que para resolver el caso de El Encino estaban los jueces, pues ése no era asunto del presidente.[6] Claro que la orden de revisión del caso, dada al procurador por el jefe del Ejecutivo, requirió descabezar a la PGR, lo que deja en claro que era la voluntad política y no otra cosa lo que estaba detrás del singular y enorme esfuerzo por inhabilitar a quien desde la Presidencia llamaron "el señor López".

Durante meses la gran coalición de derecha no democrática que se formó para inhabilitar a AMLO soñó con un 2006 "a su medida". Donde la elección presidencial combinara las formas democráticas, pero sin la incertidumbre que le acompaña. Desde esa orilla del río· político, se soñó con una contienda entre candidatos "confiables", mezclados con algunos inviables (entre ellos el sustituto de AMLO, quien quiera que éste fuese), proceso que despertara el entusiasmo de los sec-

111

tores conservadores, la resignación de los excluidos y la bendición de los observadores externos.

Desde lo alto de la pirámide del poder no se contempló la posibilidad de que la acusación contra López Obrador no fuera aceptada en los términos en que la presentó la fiscalía por una parte importante de la opinión pública, que la movilización ciudadana en contra del intento de dar vida a una "democracia limitada" fuera en ascenso, que incluso muchos ciudadanos que no simpatizaban con AMLO se opusieran a la alteración de las reglas fundamentales del juego democrático, y que los medios internacionales definieran el proceso de acusación contra López Obrador como un ardid.

En la introducción a la crónica política que publicó, con la colaboración de Lucía de Pablo y de Dora Schael, Alejandra Lajous concluye: "López Obrador no es un político más. Los rasgos de su personalidad nos atraen o nos aterran y tenemos que ser capaces de saber por qué". Un intento de dar respuesta a ese *porqué* es, justamente, lo que llevó a escribir la obra[7] que es, también, la continuación de otra aparecida en 2003.[8]

El concepto de temor que está en el título de la crónica de Lajous cambia a uno más fuerte en la introducción: el de terror. Si bien una elección que se desarrolla en un ambiente de temor —recelo mutuo sobre las consecuencias que pueda acarrear el triunfo del adversario— no es lo más deseable para una democracia, la situación da un salto cualitativo cuando del temor se pasa al terror, es decir, a un ambiente de "miedo extremo", ésa y no otra es la definición de este último término. Simplemente, no es el terreno de la democracia, sino de alguno de sus antónimos.

El entramado institucional de la vida política mexicana ha mostrado que la debilidad es una de sus características

112

centrales. La disputa democrática por la Presidencia aún no fragua entre nosotros y aún no se convierte en rutina la seguridad de que el antagonista no es el enemigo a destruir, sino un actor más en la pluralidad y que tiene derecho a buscar su lugar bajo el sol. La contienda democrática sigue como algo no bien asimilado en muchos puntos de nuestra geografía, como lo muestran algunas elecciones locales y, sobre todo, el tono ríspido, por momentos apocalíptico, que adquirió durante la campaña presidencial.

Si la dinámica de la democracia es aún problemática en México, entonces resulta claro que nuestro sistema no podría resistir una lucha política que provoque terror en algunos grupos, especialmente si tienen capacidad económica o política de respuesta. En efecto, quienes suponen que la disputa electoral es como un juego *suma cero* —ése donde lo que uno gana es considerado pérdida neta por otro— no estarán en la disposición de negociar, sino de eliminar al otro como prerrequisito para sacar adelante su "proyecto nacional", lo que daría al traste con el proyecto democrático.

En el arranque de *AMLO: entre la atracción y el temor*, la mirada se centra menos en Fox y más en "los Fox", en el descabellado intento de Marta Sahagún por ganar Los Pinos desde Los Pinos y en el desgaste que ese empeño le ocasionó al presidente y a su gobierno. A lo largo de una narración con multitud de personajes también se examinan los vericuetos que tuvo que sortear el PAN para dar forma a su nueva candidatura presidencial, o los jaloneos en el interior de un PRI que sabía que si no recuperaba la Presidencia en 2006, su futuro se tornaría incierto. Sin embargo, el eje de este recuento de 2003 a 2005 es ese personaje que da título a la obra: Andrés Manuel López Obrador. No hay duda de que *AMLO: entre la atracción y el temor*

113

es la crónica más acabada de Lajous y que cumple con la norma establecida para el género desde el siglo XIX en México y que Carlos Monsiváis resume así: "el alegato político, la memoria histórica, el mensaje a los amigos y el recordatorio a la sociedad de que la nación existe".[9] Ahora bien, ¿por qué una cronista que ha vivido desde dentro a las elites mexicanas afirma que AMLO "no es un político más" y que aterra a una parte de la sociedad? De la narración se desprende que la eficacia política de AMLO se explica como una combinación de fuerte voluntad política con una gran habilidad para explotar las constantes situaciones de confrontación con sus adversarios, más una buena dosis de pragmatismo. Todo ello para consolidar con políticas sociales y con un discurso dirigido a los pobres —que son muchos— una gran base social entre los menos beneficiados por el modelo económico vigente desde inicios de los ochenta.

En el seguimiento puntual de las "situaciones límite" en que se colocó o colocaron sus adversarios a AMLO, Lajous destaca la capacidad de supervivencia del político tabasqueño, y es en su gran capacidad de sobreponerse a ataques que parecían definitivos donde debe encontrarse parte de las razones del temor o terror de quienes no quisieron verlo como nuevo mandatario. Se formula aquí una valiosa reconstrucción de la negativa de AMLO a pagar mil 810 millones de pesos al supuesto dueño del Paraje San Juan y chocar de frente con la Suprema Corte de Justicia de la Nación, del golpe político provocado por los videos que mostraron a personajes del círculo interno del jefe de gobierno recibiendo fajos de dólares en la oficina de un contratista y la capacidad del tabasqueño para "darle la vuelta a la tortilla" con la teoría del complot. Sin embargo, la narración alcanza su momento más dramático en el seguimiento del proceso que desembocó en el desafuero de AMLO

114

a causa de la violación de un amparo en la construcción de una vialidad secundaria en una zona deshabitada del poniente de la capital, en la reacción al intento de desafuero y en la derrota final del gobierno foxista y de sus aliados en este episodio.

Finalmente, lo que aparece como la causa formal del temor o del terror que despertaba entre ciertos electores la posibilidad de una victoria de AMLO en las urnas era una combinación de la debilidad del entramado institucional que nos aqueja con la tendencia del candidato del PRD a favorecer, por sobre la letra de la ley, su sentido personal de justicia en circunstancias de una grave e histórica injusticia social. Sin embargo, puede haber una razón de mayor fondo al temor-terror que inspira AMLO en la sociedad mexicana: una que no se debe tanto al personaje mismo, sino a la profundidad de la deuda que una parte de esa sociedad —la minoría— tiene con la otra —la mayoría— y a la posibilidad de que una victoria de López Obrador significara que la deuda se empezaría a pagar.

Políticas frustradas y una sociedad civil incipiente

Como todo gran poema, el escrito a inicios del siglo XX por el premio Nobel irlandés, William Butler Yeats, es realmente atemporal. Así, la interpretación que el autor dio a otro tiempo, pareciera venirle muy bien al nuestro:

> *Vuelta y vuelta en un giro cada vez mayor*
> *el halcón ya no puede oir al cetrero todo se viene abajo;*
> *el centro ya no sostiene la anarquía se desparrama sobre*
> *el mundo la ola teñida de sangre se desparrama,*
> *y en todas partes la ceremonia de la inocencia se ahoga*
> *los mejores carecen de toda convicción,*

115

en tanto que los peores están llenos
de una apasionada intensidad.

Afortunadamente para nosotros, la parte más trágica del presente no está teniendo lugar dentro de nuestras fronteras. Sin embargo, lo nuestro, el actual momento mexicano también tiene elementos de tragedia, si no por otra cosa, por el tiempo y las oportunidades perdidas por los millones que recorren la vida siempre en la pobreza, la mediocridad de la falta de oportunidades y perspectivas y a merced de la necesidad.

Con la perspectiva que ofrece la distancia, queda claro que México no hubiera podido ser esa gran nación que por un lapso breve llegaron a imaginar los optimistas y exaltados patriotas de 1821, cuando una sociedad colonial muy rica pero llena de pobres, muy vasta pero también muy dividida y con apenas 6 millones de habitantes, se disponía a constituirse en país. Sin embargo, también es evidente que México hubiera podido ser algo mucho mejor de lo que finalmente fue. Y es que el país que tenemos ha estado dando tumbos por el último cuarto de siglo, desde que tuvo lugar el desastre económico de 1982 —desastre que es de la exclusiva responsabilidad de la clase dirigente— y no encuentra aún la manera de recuperar el sentido de dirección y de propósito que alguna vez llegó a tener.

El cambio político que tuvo lugar en México como resultado de la elección del año 2000, encerraba el potencial de la gran oportunidad histórica. Era evidente entonces que desde mediados del siglo XX se había acumulado ya una gran energía social —en especial en sus clases medias, pero no exclusivamente en ellas— que no había podido ser bien encauzada por

116

la ausencia de democracia, el control corporativo y la represión selectiva del autoritarismo posrevolucionario, que habían actuado como elementos desalentadores de un avance modernizador.

Desde la estabilidad interna y la del entorno externo inmediato, alcanzadas tras el fin de la segunda guerra mundial, se dieron en nuestro país las condiciones para permitir que se hubiera combinando un progreso material —el "milagro mexicano" de entonces— con lo que podría haber sido un progreso moral que, dada la naturaleza de los tiempos, hubiera implicado, entre otras cosas, democratización política, transformación en las estructuras de procuración de justicia, equidad en la distribución de los beneficios del proceso productivo y búsqueda del mejor rumbo para mantener la independencia relativa heredada de la Revolución mexicana. Sin embargo, una y otra vez, los esfuerzos hechos desde la derecha —los del PAN, por ejemplo—, desde el centro —el henriquismo o el navismo— o la izquierda —las luchas obreras y agrarias o el movimiento del 68— fueron derrotados por los beneficiarios del statu quo.

Pese a los obstáculos puestos por los Gustavo Díaz Ordaz o los Carlos Salinas de México, la rueda de la historia le dio la oportunidad a algunos de los que se decían comprometidos con el cambio, la democracia y la justicia. Desafortunadamente, los fallos en el talento o en la fibra moral, o en ambos, de quienes asumieron la gran responsabilidad del cambio, hicieron que del "parto de los montes" del 2000 saliera, como en la fábula, un tímido ratón. La oportunidad histórica se desperdició.

A un sexenio de la expulsión del PRI de Los Pinos, la política mexicana difícilmente se puede interpretar como la catapulta que impulse el gran salto histórico de México, sino

117

como cadena bien eslabonada de corrupciones y absurdos que mantienen paralizado al país. Pese al cambio, quienes fueron máximos responsables de crímenes de Estado o de fraude electoral —Luis Echeverría y Miguel de la Madrid, respectivamente— siguen disfrutando de servicios de protección vitalicia y de una jugosa pensión, mientras que el ciudadano común y corriente —el supuesto beneficiario del cambio— vive a merced de una criminalidad que ya dejó de temerle al Estado. La economía pone a ese ciudadano a merced de las fuerzas brutales del mercado, pero sin siquiera abrirle las posibilidades de un crecimiento sustantivo. Esa economía ya ha permanecido estancada por casi un cuarto de siglo, pero la clase política ha hecho que el financiamiento público a sus partidos —despreciados cada día más por la opinión pública— suponga erogaciones multimillonarias. En fin, la lista de absurdos puede seguir.

La tarea de largo plazo es devolverle o darle un sentido social a la política mexicana y para ello hay que institucionalizar el diálogo permanente de la ciudadanía con la clase política. Se necesita la organización desde abajo y desde fuera de los partidos, es decir, hacer realidad a la famosa sociedad civil. Para que tal sociedad sea lo que debe ser, necesita extenderse más allá de acuerdos sectoriales o cupulares, pues de lo contrario el esfuerzo podría desembocar en una democracia oligárquica, y ésa no es una verdadera solución a nuestro problema histórico.

Las campañas y sus temas

Un elemento que no cuajó: los candidatos independientes

Tras abandonar el gabinete de Vicente Fox, Jorge G. Castañeda quiso construirse una candidatura al margen de los partidos. Hizo un gran esfuerzo, agotó todas las instancias mexicanas e internacionales y, al final, fracasó en su intento de llegar a la Presidencia de la República, al margen de los partidos políticos con registro. Sin embargo, su reclamo del derecho a una candidatura ciudadana sigue vigente.

En México, y por lo menos desde 1910, el calendario electoral tiende a convertirse en un catalizador de problemas acumulados. En efecto, fue en torno a la campaña electoral de 1910 que afloraron y, finalmente, estallaron las grandes contradicciones del Porfiriato. En los veinte, y al calor de la disputa electoral, dos veces se dividió el ejército y las diferencias se resolvieron a sangre y fuego. En 1929 el partido de Estado que evolucionó hasta convertirse en PRI, nació como instrumento de Plutarco Elías Calles para manejar la división de la elite revolucionaria a raíz de la elección de 1930. Las elecciones de 1952 favorecieron la polarización del PRI al punto que los henriquistas abandonaron a su partido para ponerlo en ja-

119

que. Como resultado del proceso electoral de 1988, la tecno-cracia tomó las riendas del gobierno pero el ala izquierdista del PRI rompió con éste, deslegitimó el resultado y creó al PRD. Finalmente, la elección del año 2000 fue la coyuntura que per-mitió que el cúmulo de agravios llevara a poner fin al viejo ré-gimen autoritario, al menos formalmente.

Como en el pasado, la coyuntura electoral 2005-2006 resultó un momento en que opositores y partido en el gobierno hicieron el corte de caja y pusieron los reflectores en las pro-mesas incumplidas y los temas no resueltos. Inevitablemente, el panorama fue dominado por la agenda de la oposición, por un lado, mientras, por el otro, el gobierno magnificó sus logros y echó la luz sobre las fallas y escándalos en las filas opositoras.

A la discusión en torno a temas como la falta de dina-mismo de la economía, la debilidad de las instituciones, el cre-cimiento imparable del crimen organizado, la "metástasis de la corrupción" (el término es de Porfirio Muñoz Ledo), las di-visiones y escándalos dentro de las filas opositoras y decenas de temas más, se añadieron las imperfecciones en el sistema electoral mismo, una de las cuales quedó al descubierto como re-sultado de los movimientos de Castañeda.

Los problemas en la arena electoral son ya varios y de peso: la falta de independencia de los institutos electorales de varios estados, el escandaloso costo de precampañas sin vigilan-cia y de campañas donde la televisión absorbe cientos de millo-nes de pesos por spots de contenidos más que cuestionables, el espectáculo de partidos que postulan candidatos sospecho-sos de corrupción en gran escala —PRI—, procesos internos donde los contendientes se acusan de fraudes —PAN— o guerras entre facciones dentro del partido —PRD—, empresas televi-soras bajo sospecha de trato especial a precandidatos a cambio de favores pasados y las dudas acumuladas en torno a los árbitros mismos de la contienda: el IFE y el TEPJF. A esa larga lista se añadió "el caso Castañeda", es decir, el problema de un sistema donde un puñado de partidos impiden el derecho elemental de cualquier ciudadano a "votar y ser votado".

Tras agotar las instancias locales —el IFE y la Suprema Corte de Justicia de la Nación— para hacer valer su derecho a registrarse como candidato presidencial al margen de los partidos, el excanciller trasladó su empeño a un terreno que le es familiar y propicio: el de los organismos interamericanos de derechos humanos. Ante la Corte Interamericana de Derechos Humanos (CIDH), el "candidato ciudadano" alegó su caso y demandó que, de entrada, se pidiera al gobierno mexicano que adopte "medidas cautelares" para que, en tanto la Comisión o incluso la Corte Interamericana de Derechos Humanos decidieran si el quejoso tenía o no razón al argumentar que se había violado uno de sus derechos políticos fundamentales, no se dejasen pasar fechas fatales que luego imposibilitaran su posible registro como candidato, en enero de 2006.

Castañeda sostuvo ante la CIDH que, al negársele el derecho a aparecer en las boletas electorales porque no lo respalda un partido con registro, se violaron los artículos 13, 16 y 23 de la Convención Americana sobre Derechos Humanos, instrumento que el Estado mexicano suscribió de tiempo atrás y que está obligado a respetar como ley máxima. El problema para el Estado mexicano es que en todo el ordenamiento interno —de la Constitución para abajo— el ciudadano sólo tiene derecho a "ser votado" si antes es postulado por un partido registrado. En la práctica, lo anterior significa que sólo las desprestigiadas oligarquías partidistas que en el año 2006 dispusieron de 4 mil 926 millones de pesos de dinero público para sus partidos, más una cantidad indeterminada de dinero privado, pudieron decidir quiénes podrían ser candidatos.

Lo que Jorge Castañeda hizo al pretender ser candidato sin partido fue poner en entredicho la legitimidad del monopolio de los partidos a presentar candidatos. Obviamente que se puede, y se debe, cuestionar la conducta política de Jorge G. Castañeda, que pasó de su membresía en el Partido Comunista a ser enemigo personal de la Revolución cubana, de apoyar a Cuauhtémoc Cárdenas a ser parte central del foxismo. Su cercanía con la lideresa del mayor sindicato (el de maestros) o su negativa a revelar los nombres de los contribuyentes a su campaña son otros tantos signos de interrogación que penden sobre el excanciller. Sin embargo, no hay duda de que con su lucha en contra del monopolio de lo electoral detentado por los partidos, el autor de *La vida en rojo* o de *La herencia* puso el dedo sobre una doble llaga. Por una parte, está la diferencia entre lo legal —una ley que sólo reconoce a candidatos que son parte de la desprestigiada máquina partidista— y lo justo —en una democracia, cualquier ciudadano debería tener derecho a postularse como candidato para que el ciudadano no sea rehén de un puñado de partidos. Por la otra, en las democracias maduras sí existen posibilidades de ser candidato al margen de los partidos, pues no se considera sano que el proceso electoral sea coto cerrado de un sistema de partidos que ni en el mejor de los casos es fiel representante de los intereses del grueso de la sociedad.

Desde el siglo XIX, el modelo político estadunidense ha sido referencia para México, así que no está de más echar una mirada a lo que allá sucede en este campo. Desde 1832 hasta la fecha, en Estados Unidos ha habido un buen número de candidatos presidenciales que se presentaron como alternativa al duopolio partidario que desde entonces domina la escena política de ese país. Algunos crearon para ello un efímero tercer partido, pero otros sólo se presentaron como candidatos sin partido.

Es claro que en Estados Unidos hay una serie de barreras para desalentar la presencia de terceros partidos o candidatos sin partido. El llamado Colegio Electoral ha servido de filtro para que los candidatos que amenazaron al histórico duopolio no pudieran traducir los votos que recibieron en las urnas en votos dentro de esa peculiar institución. Así, por ejemplo en 1992 y 1996, el dos veces candidato H. Ross Perot, que contendió, primero como independiente y, luego, bajo el "Partido Reformista" que él creó y financió para la ocasión, pero al final, en el Colegio Electoral, los votos en su favor fueron los mismos: cero. En Estados Unidos, una candidatura como la de Jorge Castañeda difícilmente tendría oportunidad de victoria, pero no estaría prohibida y, en materia de principios, esa diferencia es importante.

La historia política del país vecino muestra que nunca un candidato independiente o de un tercer partido ha logrado la victoria, pero también que su lucha no siempre fue inútil. En varios casos esos candidatos influyeron en el proceso político, aunque no como lo hubieran querido. Por ejemplo, el demócrata Woodrow Wilson venció en 1912 a William Taft porque el expresidente Theodore Roosevelt se separó de los republicanos y se presentó como el tercero en discordia. Roosevelt no ganó, pero le quitó a los republicanos más de la mitad de los votos que de otra manera hubieran sido suyos y Wilson los derrotó e inició una nueva página política con su programa de "La nueva libertad".

En un buen número de casos, la presencia de candida-

123

tos independientes ha servido de desfogue a la inconformidad y ha obligado a modificar las viejas estructuras y prácticas. De nuevo tomemos el año 1912 estadunidense como ejemplo; Eugene Debs, como socialista, recibió 6% del voto y mandó un mensaje a la derecha. Ralph Nader, el defensor del consumidor y candidato independiente en Estados Unidos en 2004, fue un problema para John Kerry y los demócratas, pues le impidió irse aún más hacia el centro en su competencia con George W. Bush y la derecha radical.

Según Priscilla Lewis Southwell, en 1992, la candidatura independiente de Ross Perot recibió mucho apoyo de jóvenes que hasta entonces eran políticamente indiferentes y que se movilizaron al encontrar una tercera opción. Esos jóvenes votaron a sabiendas que su candidato no ganaría, pero conscientes que ese 19% del voto que recibió era una buena manera de protestar y enviar un mensaje a los dos grandes partidos. Registrada la protesta, en la siguiente elección, la de 1996, muchos de los votantes inconformes dejaron solo a Perot, pues ya no lo necesitaron.[1]

Jorge G. Castañeda no logró su propósito pero su esfuerzo puso en un predicamento al gobierno mexicano y a todo el sistema electoral e hizo evidente que el monopolio de los partidos en la presentación de candidatos viola lo mismo acuerdos internacionales que el espíritu de la época en cuanto a la equidad y el sentido común: en un mundo dominado por la idea de que la competencia es una gran virtud, el proteccionismo electoral en favor de los partidos es indefendible.

Izquierdas y derechas

El 2006 se puede definir como el año en que los mexicanos tuvieron que elegir entre izquierdas y derechas. Izquierdas y derechas que no son las que muchos quisieran, sino las que hay.

¿El PRD y AMLO son efectivamente de izquierda? Entre sus adversarios hay quienes dan por buena la autodefinición y por eso los combaten. Sin embargo, otros rechazan que AMLO y su partido pertenezcan a esa corriente. El personaje y el movimiento político que con más fuerza ponen en duda el carácter izquierdista del perredismo son el subcomandante Marcos y el Ejército Zapatista de Liberación Nacional (EZLN). Y hay quienes prefieren calificar al PRD, al excandidato y a su programa sólo como reformistas o populistas.

Para discutir la naturaleza de un concepto impreciso hay que acudir a su historia, pues ahí están las claves de su esencia. El significado político de "izquierda" nació en Francia. En 1789, el rey, apremiado por problemas fiscales, convocó a los Estados Generales. En esa reunión, los representantes de la nobleza se acomodaron a la derecha del rey y su contraparte —los plebeyos— a su izquierda. La decisión fue simbólica, pues siendo el brazo derecho el más fuerte, ahí tenían que estar los poderosos del reino. El brazo izquierdo, más débil y torpe, quedó al lado de los representantes del Tercer Estado, súbditos comunes y corrientes. Las circunstancias críticas llevaron a que la reunión se transformara en Asamblea Nacional y el simbolismo de izquierda y derecha se mantuvo, pero modificado. Quienes se sentaron a la izquierda y arriba de quien presidía, lo hicieron porque se identificaron con las posiciones más radicales, que demandaban la construcción de una sociedad más igualitaria. Al final, como sabemos, estalló la revolución.

125

En el origen de la izquierda está su sentido de fondo. En cada época histórica hay una izquierda, que es la parte del espectro político que dice representar los intereses de los más débiles y explotados y que busca hacer avanzar la igualdad. Desde su inicio, un instrumento de la izquierda fue la violencia revolucionaria —para los más radicales, el único. Una violencia sin cuartel, como la que se practicó entonces en Francia, se justificó en función de un valor superior para quienes la ejercían: la justicia sustantiva, la felicidad colectiva futura, el verdadero bien común.

Las ideas y proyecto originales de la izquierda —desde su concepción de la naturaleza humana, la historia, la sociedad, la economía— evolucionaron y se diversificaron. Siempre hubo varias izquierdas según su grado de radicalismo, pero el núcleo ideológico más coherente y duro fue el que se construyó alrededor de las ideas y proyecto de Karl Marx. Y fue la amplitud de la teoría marxista y su consistencia interna el punto de referencia y definición del resto de las izquierdas. Con Marx cristalizó la convicción de que el proceso histórico no era una mera sucesión de eventos, sino que tenía un sentido y que ese sentido era hacia una superación positiva del capitalismo. Al final, y tras el triunfo del proletariado, se superarían la lucha de clases y la política misma y se abriría un mundo nuevo, sin Estado, sin explotación y sin dominación. Cuando eso ocurriera existiría la verdadera libertad y daría inicio la auténtica historia humana. Suponer la inevitabilidad del triunfo de la izquierda fue la mejor manera de dar aliento a quienes intentaban lo casi imposible: el asalto, desde abajo, a la fortaleza que estaba en lo alto: la del gran poder capitalista.

En 1917 los marxistas se hicieron del poder en un país inverosímil: Rusia. A partir de entonces la teoría se enfrentó a la realidad y, todos lo sabemos, el resultado final fue una gran tragedia. Tras casi setenta años de dura existencia, el país de los sóviets desapareció y el edificio teórico más fuerte de la izquierda —el marxismo— casi se derrumbó. En realidad lo único que sigue en pie de la izquierda son sus razones morales: la insistencia en la justicia sustantiva en un capitalismo global donde las desigualdades son casi tan hondas como en la Francia de 1789.

Guillermo Zamora, periodista y escritor que fuera miembro del Partido Comunista Mexicano, publicó catorce entrevistas en un pequeño libro que es un buen punto de partida para abordar el asunto de la izquierda mexicana hoy.[2] En esa obra, y a la pregunta sobre si la conducción política de México necesita hoy virar hacia la izquierda, Roger Bartra respondió que nada indica que en México o en cualquier otra parte se "necesite" un gobierno de izquierda, pero tampoco uno de derecha. El problema ya no se puede plantear como una "necesidad histórica", pues la posmodernidad nos dice que nunca hubo un destino escrito por la mano de la historia que nos debía llevar a una forma social predeterminada. Ahora bien, sin ser "necesaria", la izquierda puede ser "necesitada", pero sólo a condición de que construya un sistema de gobierno mejor, más justo, que el de la derecha. De esta manera, la única razón para apoyar a la izquierda se da en un terreno que Marx no hubiera aceptado: en el de la moral. Sólo una justificación moral puede darle razón de ser a un gobierno de izquierda.

El término de izquierda no tiene una definición o contenido único. En cada época y sociedad el terreno de la izquierda corresponde a quienes proponen, apoyan y ponen en marcha políticas diseñadas a favor de los intereses de aquellos grupos o sectores sociales mayoritarios que han llevado la mayor car-

ga en el desarrollo y sostenimiento de la forma de vida imperante.

En la actualidad hay en México al menos dos propues-
tas de izquierda. Una es la de PRD y la otra es la del EZLN. El subcomandante Marcos ha calificado con particular dureza al
PRD y a su excandidato presidencial como falsos izquierdistas.
Ellos, señaló Marcos, ya han tenido responsabilidades de gobierno a nivel local y han mostrado que pueden ser tan ineficaces y corruptos como cualquier otro.

A sus ojos, el programa y acción del PRD implica con-
temporizar con los grandes intereses económicos que son la
razón de la injusticia social que caracteriza a México. Con el
afán de ganar las elecciones, AMLO se rodeó de priístas, es decir, de corresponsables del desastre que hoy es México.

Las críticas del EZLN no carecen de sentido, pero en el
aquí y ahora llevan al ciudadano identificado con valores de
izquierda a un callejón sin salida. El PRD no es la mejor concre-
ción de un proyecto de izquierda, pero rechazarlo in toto significa
facilitar el camino para cualquiera de las derechas disponibles.

La derecha tampoco la tiene fácil, a pesar del dominio
del sistema internacional por unos Estados Unidos conservadores. Más de uno quiso suponer, como el profesor Francis Fu-
kuyama que con la desaparición de la Unión Soviética, el triunfo
global estadunidense y la aceptación de la primacía del mercado en China, el clásico análisis de la lucha de clases como
forma de entender la dinámica social se había ido, junto con
el resto de la sociología de Karl Marx, "al cesto histórico de la
basura". Como explicación global de la historia, quizá el marxismo ya quedó atrás, pero por la importancia que esa teoría
asignó a las clases sociales —dinámica, contradicciones y choques—, como forma de entender algunos de los grandes pro-

128

cesos sociales del pasado y del presente, sigue siendo indispensable. La estructura, contradicción y lucha de las clases no explica toda la dinámica social, pero, si se le deja fuera, no se podría entender.

Tomemos, a guisa de ejemplo, un hecho relevante de estos días: el fracaso de la Constitución Europea. Hay varias maneras de explicar el inesperado rechazo de franceses y holandeses a la propuesta de consolidar a la gran Europa con una constitución supranacional que enmarcara la unidad política europea para que ese continente pudiera desplegar a plenitud su capacidad económica, política, militar y cultural. Pues bien, una forma de entender el "no" de las mayorías a este proyecto, y las dudas de muchos otros europeos, es examinar los intereses contradictorios de las clases y su expresión en las urnas.

En Francia, como en Alemania y en Italia, hay un rechazo creciente de los trabajadores, y de lo que allá constituyen las "masas populares", a las políticas económicas propuestas por las elites dirigentes. Ya no es necesaria la insurrección ni menos la revolución, el voto es suficiente para desfondar las políticas neoliberales de los dirigentes europeos. El desempleo, el temor a la mano de obra turca y a que las políticas del libre mercado y la globalización desmantelen los sistemas de seguridad de los países más ricos y hagan más difícil la vida del ciudadano ordinario, desembocó en esta rebelión electoral en el corazón de la Unión Europea (UE). Se trata, en buena medida, de una rebelión de las masas. Las elites de la UE sostienen que, a la larga, el neoliberalismo beneficiará a todos, pero una buena parte de los ciudadanos de sus países no lo creen. Como clase, los asalariados consideran que sus intereses son incompatibles con los de las clases dirigentes. Por eso les han dado su voto a quienes desde la extrema izquierda, pero también

129

desde el populismo de la extrema derecha, vocean no proyectos alternativos, sino el resentimiento de quienes se han visto afectados o temen a las políticas basadas en la primacía del mercado. Pero Europa no es la única región donde las contradicciones entre las clases están en el centro de la dinámica política, también podemos verlo, aunque de manera muy diferente, en Estados Unidos, en China o en nuestro propio país.

En sus influyentes columnas de opinión, el economista del MIT y hoy profesor de la Universidad de Princeton, Paul Krugman —un neokeynesiano—, ha usado el concepto de guerra de clases para explicar la política impositiva y las propuestas de reforma de la seguridad social del presidente George W. Bush.[3] Krugman sostiene que a partir de los ochenta la política impositiva estadunidense, en particular la de George W. Bush, está diseñada para operar en favor de las clases más altas al destruir el tradicional carácter progresivo del sistema impositivo y, a la vez, mantener un déficit fiscal alto para, entre otras cosas, sostener la guerra en Iraq.

En Estados Unidos hay una contradicción obvia de intereses de clase, pero las clases que van perdiendo no quieren percatarse de ello, en buena medida por el enorme peso de la ideología del "sueño americano", que les hace suponer que sigue vigente una movilidad social que, en la realidad, ya no existe. En una encuesta de *The New York Times*, 56% de la población consideró que, en el futuro, sus hijos estarán económicamente mejor que ellos, pero el periódico, en su serie sobre las clases sociales, admite que las cifras reales dicen lo contrario.[4]

Desde el gobierno de Franklin D. Roosevelt hasta el de James Carter, esa tendencia marchaba en el sentido de disminuir la desigualdad social, pero en los últimos tiempos, y salvo el periodo presidido por William Clinton, lo hace en la dirección contraria. Desde que empezó a medirse en 1959, la pobreza en Estados Unidos muestra una tendencia de largo plazo a la baja, pero a partir del año 2000 cambió de dirección. La estructura de clase es, sin duda, un elemento explicativo en Estados Unidos, aunque en sentido opuesto al de Europa.

China es hoy por hoy el país más poblado del planeta y una potencia en ascenso que bien puede llegar a ser superpotencia en algún punto de este siglo XXI. A partir del triunfo del Partido Comunista Chino (PCCh) y de la nacionalización de la tierra y de los bienes de los capitalistas en 1950, ese país se convirtió en una de las sociedades más igualitarias del mundo, aunque siempre mantuvo una diferencia en ingreso y prestigio entre los cuadros del PCCh y el resto de la población, básicamente campesina. Sin embargo, desde que se empezaron a introducir las reformas del mercado hace un cuarto de siglo, y desde que se aceptó que "algunos se harían ricos más rápido que otros", China experimenta una creciente desigualdad social. No hay cifras veraces al respecto y se discute incluso si lo que hay en ese país socialista pero inmerso en la economía de mercado son clases sociales o algún otro tipo de categoría. Se puede discutir el punto desde una perspectiva teórica, pero la división social que hoy se ve en China se parece tanto a una estructura de clases como un copo de nieve a otro.

Los estudiosos consideran que uno de los problemas a resolver en China son los efectos negativos de la distancia creciente entre pobres y ricos. Ya hay una clase capitalista (¡que el PCCh busca encuadrar dentro de sus filas!), los trabajadores han perdido ingreso y estatus, la diferenciación entre los campesinos va en aumento y alcanza niveles preocupantes, casi como la corrupción que envuelve a todo el proceso.[5]

131

La economía china crece desde hace veinticinco años a un impresionante promedio de 9% anual, y aunque sólo una quinta parte de sus habitantes vive dentro de lo que se puede llamar una sociedad de consumo, ellos más el mercado mundial son suficientes para que el país tenga ya quince empresas entre las quinientas mayores del mundo registradas en *Fortune*, y se espera que en cinco años lleguen a cincuenta. Nadie podrá entender a China sin tomar en cuenta su cambiante estructura de clases. Su "socialismo de mercado" o capitalista es realmente original, pero, sin duda, la contradicción y el conflicto de clases será un elemento cada vez más visible e importante en la comprensión del país que China es y, sobre todo, el que será.

Desde luego que a pocos, si es que alguno, se le ocurriría hacer un análisis social de México sin recurrir al concepto de clase. La naturaleza social de nuestro país no se entiende sin tomar en cuenta su división social. Los tres siglos de colonia y los dos de vida independiente están marcados por una clara, dura y antagónica estructura de intereses de clases. Si a inicios del siglo XIX Alexander von Humboldt se asombró de la disparidad entre ricos y pobres novohispanos, lo mismo le ocurriría hoy de encontrarse entre nosotros.

Al paso que va, México requerirá de un par de siglos para que su nivel promedio de vida llegue al nivel de las actuales sociedades prósperas de Europa, pero hay una minoría de mexicanos que hace tiempo superan en prosperidad a los más prósperos de esa región. Y es en este campo donde el análisis clasista y sus consecuencias nos permiten entender el fenómeno. Sin echar mano de ese análisis clasista sería imposible entender plenamente la caída del régimen priísta a nivel federal en el 2000, pero tampoco su persistencia a nivel local.

El siglo XXI se inicia como uno donde la democracia

política se ofrece como el proyecto dominante, pero también como el espacio donde la democracia social enfrenta obstáculos no previstos tres o cuatro decenios atrás, cuando se daba por sentada la tendencia a la igualdad. La guerra, abierta o soterrada de las clases, sigue marcando la pauta de nuestro desarrollo.

La desigualdad social acentuada ha sido una característica permanente de la sociedad mexicana. Hoy, 50% de la población más pobre recibe apenas 19.3% del ingreso disponible. En nuestro país el proceso político rara vez se ha propuesto disminuir la desigualdad heredada de la época colonial. Normalmente sólo ha buscado administrar el desequilibrio e impedir que las tensiones que genera afecten la estabilidad.

México es un país de muchos pobres y pocos muy ricos, de una clase media pequeña y bajo asedio, de una economía de mercado que no crea empleo, sino mucha desigualdad y de un sistema político, administrativo y jurídico que tolera muy altos niveles de corrupción y muy bajos niveles de eficacia. Es en esa lista incompleta de problemas donde se encuentra el origen de la crispación actual.

Algunos analistas insisten en señalar que ya no tiene sentido hablar de izquierda y derecha, conceptos que han dejado de pertenecer a nuestra posmodernidad. Sin embargo, lo que hoy pasa políticamente en América Latina, incluido México, se entiende mejor si se echa mano de las nociones de izquierda y derecha, y se deja de suponer que todos los partidos deben buscar el centro. Hoy la mayoría de los latinoamericanos viven en países con gobiernos que se consideran a sí mismos de izquierda.

Las categorías dicotómicas de izquierda y derecha nacieron con la Revolución francesa, pero la realidad que reflejan, el antagonismo social básico, es tan viejo que se pierde en

133

la noche de la historia. Las tensiones sociales que pusieron fin a la república romana hace más de 2 mil años fueron, en gran medida, resultado del choque de los patricios con los plebeyos, y cuyo catalizador fue el cambio en la economía rural de la Italia de entonces, donde las importaciones baratas de las zonas recién conquistadas empobrecieron a los campesinos romanos que migraron a las ciudades y ahí fueron el combustible que alimentó el poder de la plebe. Desde entonces, ese tipo de antagonismos se han repetido una y otra vez. Hoy vivimos a nivel mundial un nuevo episodio de la vieja lucha: una economía global de mercado que ha favorecido a las grandes concentraciones de capital y ha debilitado o destruido una buena parte de las no muy sólidas defensas que el llamado "Estado benefactor" construyó en el siglo pasado para dar un mínimo de protección a los sectores menos favorecidos: servicios de salud, educación pública de calidad, pensiones, subsidios, seguridad laboral, salarios mínimos efectivos, etcétera.

Históricamente, la izquierda tiene como razón de ser una aspiración a cierta forma de igualdad social como materialización de la justicia. Las circunstancias en que se elaboraron las demandas de la izquierda son diferentes en cada época y lugar, pero el tema de fondo es recurrente. En un pasado no muy lejano, la izquierda más radical buscó esa justicia social por la vía de la violencia. La renuncia a la lucha armada es hoy el punto de vista dominante de la izquierda, aunque no implica el abandono de un discurso cargado de emoción redencionista ni de la posibilidad de echar mano de su gran ventaja para dar cuerda a multitudes acríticas a las que mueve más la emoción que la reflexión, cuando la otra parte, la derecha, echa mano de la suya: el dinero, el control de las instituciones financieras o de los medios de información.

Hoy en México, mucho de la iniciativa política la ha vuelto a tomar la izquierda. La dinámica de la lucha electoral se desarrolló en función de la corriente que representaba AMLO, quien trata de mantener la iniciativa pese a tener varias desventajas obvias. Entre ellas destaca la teórica. En efecto, desde la desaparición de la URSS y la crisis del marxismo que se desarrolló con la crisis del "socialismo real", la derecha ha desarrollado un cuerpo teórico cuyos puntos principales están sintetizados en el famoso "Consenso de Washington", que son la base del gran marco de la economía de mercado, la reducción del papel del Estado, la liberalización del comercio mundial, la privatización, etcétera. La izquierda, por su parte, puede subrayar las enormes fallas que, en la práctica, ha tenido ese esquema, pero no está en posibilidad de ir más allá de la crítica y ofrecer una alternativa coherente para superar lo que hoy está faltando: crecimiento, empleo y un mínimo de seguridad para las clases trabajadoras.

Otro gran inconveniente de la izquierda mexicana actual es la carencia de un auténtico aparato de partido. El PRI y el PAN tienen la ventaja de contar con aparatos constituidos y fogueados a lo largo de más de medio siglo. El PRD —una organización que aún está en la adolescencia— es un aparato notoriamente insuficiente y nada libre de corrupción. De ahí el pecado venial en que ha caído: recurrir a lo que se ha ido desprendiendo del PRI con el paso del tiempo. Insistir en la honradez como gran virtud moral de la izquierda, mientras se tiene que recurrir a personas con biografías de estruendo en este terreno; ésta es una contradicción con la que se ha decidido vivir a partir del caudillismo de AMLO y que es un flanco débil ante el ataque de sus adversarios.

Un tercer problema para la izquierda, relacionado con

el anterior, es su natural tendencia al divisionismo. Además del choque de las corrientes internas del PRD, esta el EZLN: críticos acerbos del perredismo en su conjunto.

Un cuarto obstáculo, en una lista que puede ser mucho más larga, son las condiciones geopolíticas de vecindad con Estados Unidos. Si bien la única superpotencia ya no tiene como prioridad al anticomunismo, sí es el centro político de la derecha mundial y su sola cercanía es un factor que da aliento a todas las corrientes conservadoras mexicanas de una manera más directa que en el resto de América Latina.

Pero no todo son desventajas para la izquierda. En la coyuntura actual, un punto a su favor es la desunión de la derecha. Históricamente, la derecha ha mostrado mayor capacidad para sobreponerse a sus divisiones y quizá, con el correr del tiempo, la derecha logre dar forma a un frente unido, sobre todo porque cuenta con la tradición conservadora de la sociedad mexicana y con los recursos económicos para desarrollar grandes campañas mediáticas.

En esas condiciones, el desafío de la izquierda está en la posibilidad de lograr despertar la imaginación y la conciencia de su propio interés de una buena parte de las clases menos favorecidas —la mayoría de los mexicanos— apelando a la idea de una justicia sustantiva pospuesta, pero sin azuzar la imaginación temerosa de la derecha, pues eso siempre la alentará a medidas desesperadas.

El México conservador no puede hoy tener una unidad constante porque en su origen el PAN y el PRI representaron un enfrentamiento ideológico y ese pasado pesa. En efecto, en 1939, cuando surgió un agrupamiento de derecha con el extraño nombre de "Acción Nacional" (el nombre no era original, sino tomado de una organización que se había formado

136

en 1931 en España, encabezada por un monárquico, Antonio Goicoechea, y que más tarde se transformó en Acción Popular), el PRM —antecesor del PRI— era un partido con un proyecto de izquierda. El PAN presentó entonces una plataforma política que planteaba la construcción de un México posrevolucionario y acorde con los valores de una derecha democrática y católica, contraria al populismo cardenista y a su estructura corporativa dominada por los intereses de campesinos, obreros, militares y el sector "popular".

La lucha del PAN —David contra el gigante partido de Estado, el PRM-Goliat— fue al inicio conmovedora y, por momentos, heroica. Sin embargo, ese PRM se convirtió pronto en el PRI y en el proceso se despojó de sus ideas de lucha de clases y de la construcción de un país dominado por los intereses de los trabajadores. A partir del sexenio alemanista (1946-1952) la política sustentada por el PRI se fue acercando en muchos aspectos prácticos a la propuesta del PAN. Un punto importante de encuentro fue el anticomunismo, abierto y central en el PAN y discreto pero muy eficaz en el PRI. Igualmente importante resultó que desde Manuel Ávila Camacho, el factor dominante en el PRI, la Presidencia, se acercara a la Iglesia católica, la tomara en cuenta y la hiciera, también de manera discreta, parte integral del sistema de poder.

Finalmente, el gran catalizador que habría de acabar con lo que quedaba de la vieja confrontación del PAN con el PRI y desembocar en la cooperación abierta de las dirigencias de los dos partidos fue la crisis final del modelo de economía cerrada y estatista en 1982, y luego la aparición del neocardenismo y del PRD. El surgimiento de un "enemigo común" hizo que el PRI virara hacia las posiciones del PAN y adoptara como propio el proyecto neoliberal enmarcado en el "Consenso de

137

Washington". En esas condiciones, el acuerdo en torno a las privatizaciones y a la prioridad del mercado como la forma básica de asignar los recursos resultaron naturales e hicieron inevitables las llamadas "concertacesiones" entre la Presidencia de Carlos Salinas de Gortari y la dirigencia panista. El acuerdo tácito de los tradicionales enemigos constituyó el corazón de la política del salinismo y de su sucesor, Ernesto Zedillo. Sin embargo, esta cooperación en lo sustantivo, producto de la acentuación del viraje hacia la derecha de un PRI que se había liberado en 1987 de su propia izquierda (la Corriente Democrática), no desembocó en la disolución de los dos viejos enemigos para fundirse en una nueva organización que sustentara un proyecto económico compartido casi en su totalidad.

Desde hace tiempo se ha asegurado que "la derecha no tiene ideología, tiene intereses". Sin embargo, la realidad no es tan tajante. Dentro de la derecha hay elementos ideológicos que pueden ser vistos como importantes y, sobre todo, existen los intereses personales.

La derecha y el miedo como estrategia política

Una democracia construida sobre la base del miedo no es otra cosa que miedo a la democracia. ¿Puede ser éste el caso de México? Niall Ferguson, el historiador de Harvard, explica algunos de los grandes estallidos de violencia regional en el siglo XX como consecuencia imprevista de la decadencia de los imperios y del miedo que eso genera. En efecto, la desintegración de una forma autoritaria de control inevitablemente produce reacciones de miedo entre las elites que, hasta entonces, se habían beneficiado de ese modo no democrático de gobernar. A los antes ganadores les invade un temor que puede convertirse en disparador de acciones que pueden desembocar no sólo en resistencia al cambio, sino en tragedia, como ocurrió, por ejemplo, en la India al momento en que los británicos se retiraron después de la segunda guerra mundial. Pues bien, esta sencilla hipótesis puede adaptarse al caso mexicano y arrojar luz no sobre una violencia que hasta ahora se ha evitado, sino sobre los orígenes del miedo, las resistencias y la crispación de ciertos grupos e intereses privilegiados que se niegan a modificar los viejos arreglos.[6]

La decadencia que se inició hace ya cuatro decenios en ese peculiar tipo de imperio que fue el largo régimen priísta en México en el siglo XX, concluyó en el año 2000 con lo que parecía un cambio real de régimen. En el primer momento, no hubo reacción adversa de los grandes intereses creados durante la larga estabilidad autoritaria: empresarios nativos o extranjeros, sindicatos, alta burocracia, alto clero, ejército, etcétera. Las clases dominantes no sintieron mayor temor porque, en esencia, el arranque de la democracia electoral mexicana resultó ser un juego muy seguro para ellas. Y es que, forzosamente, la contienda del año 2000 tendría que concluir con una continuación del PRI, o con un gobierno encabezado por el PAN, pues la izquierda ya había perdido la fuerza mostrada en 1988. En esas condiciones, quien fuera el ganador terminaría por apoyarse en la misma trama de intereses. Es más, Vicente Fox resultaba incluso una mejor opción porque daría la sensación de cambio y renovaría la legitimidad del sistema de poder y control, pero mantendría el statu quo.

Seis años después la situación fue otra, pues se había abierto de nuevo la posibilidad de un triunfo de la izquierda. Una izquierda no revolucionaria, pero que podía afectar ciertos arreglos ilegítimos hechos bajo el antiguo orden y preservados por Fox. Una izquierda que mantendría el capitalismo, pero que trataría de poner el acento en la disminución de la desigualdad en la distribución del ingreso, en la mejora de la recaudación fiscal, en su oposición a la privatización del petróleo y la energía eléctrica. En fin, que lo que no estuvo en juego en el año 2000 sí lo estaba en 2006 y eso alarmó y atemorizó a nuestras muy conservadoras elites empresariales, a la alta burocracia panista, a ciertos obispos, y a parte de lo que queda del antiguo régimen como el SNTE o ciertos gobiernos locales priístas.

No se necesita ser un observador agudo para detectar que el temor mezclado con el enojo fue un componente central de la atmósfera que envolvió al proceso electoral. La defensa de los intereses creados ante la muy relativa amenaza de una izquierda no radical empezó con el uso de los videos que pusieron en duda uno de los puntos fuertes del precandidato de la izquierda, Andrés Manuel López Obrador: su honradez. Fracasado ese intento, se puso en marcha un plan B —el desafuero— para, finalmente, tras otra frustración, apostar todo a un plan M: el del miedo.

Esta vez la elite del poder, encabezada por el presidente de la República y no por el candidato del PAN, logró su objetivo: transferir su temor a una buena parte de las clases medias e incluso a segmentos de las populares, mediante una bien diseñada y financiada campaña de angustia en televisión, radio, prensa e internet: AMLO presentado como "un peligro para México", como seguidor de los pasos de Hugo Chávez, como el que "te va a quitar tu casa", etcétera. La izquierda, confiada en las encuestas que aseguraban su triunfo, tardó en percatarse de los efectos de tamaña estrategia, y cuando reaccionó, ya había perdido un tiempo y un espacio irrecuperables.

140

Michael Lerner, un rabino estadunidense empeñado en hacer frente a la derecha religiosa que hoy domina el debate y la política en Estados Unidos, interpreta el choque político y cultural de Occidente en los últimos milenios como una dicotomía: un enfrentamiento entre dos visiones del mundo y de la naturaleza humana, entre "la voz del miedo y la voz de la esperanza". Para este autor, en contraste con el "paradigma de la esperanza", el "paradigma del miedo" se nutre de una visión donde cada individuo está en lucha con el resto y donde la vida es vista como un combate de todos contra todos. Desde esta atalaya la seguridad individual, familiar, comunal y nacional depende de imponer los intereses propios sobre los del resto, antes de que ellos se impongan sobre los propios. Para quienes se guían por esta visión, el egoísmo y no la generosidad es lo único que finalmente tiene sentido. En la práctica, afirma Lerner, es la derecha la que está mejor equipada para sacar provecho de un entorno donde el factor dominante es el miedo.[7] Lo anterior se aplica perfectamente al caso mexicano.

Un entorno donde domina el sentimiento de ansiedad y miedo —como fue el que crearon en ciertos sectores mexicanos la propaganda diseñada para el PAN por especialistas en campañas negativas como Dick Morris, estadunidense, y Antonio Solá, español[8]— bien puede afectar la capacidad de razonar, pues el temor lleva a que se dirija la atención colectiva a la supuesta amenaza y debilita la capacidad de asimilar la información. En ese ambiente, el individuo pierde capacidad de tolerancia, acaba por apoyarse en estereotipos y desarrolla animosidad a todo lo que es diferente. Tras revisar las últimas investigaciones en la materia, Leonie Huddy ha concluido que, por su naturaleza, el miedo tiende a perpetuarse, a retroalimentarse, especialmente si se fomenta por los medios de informa-

141

ción y las dirigencias políticas.[9] De nuevo, la generalización tiene su contraparte aquí y ahora.

Cuando el miedo político logra invadir partes fundamentales de la sociedad, la libertad simplemente se hace imposible y la violencia, dentro o entre las naciones, se convierte en un desenlace probable. En tal contexto, el mejor o único antídoto no es otro que una buena educación. Sólo eso y la información de calidad permiten a los ciudadanos llegar a ser realmente tales y actuar libres de prejuicios en vez de ser manipulados por quienes usan el temor como instrumento principal.[10] En este punto, el de la educación ciudadana, México tiene un gran flanco descubierto.

De persistir la atmósfera de temor y prejuicio que fue fomentada por y desde el poder en la campaña electoral de 2006, México va a vivir una democracia del miedo. Y eso es una contradicción insostenible, pues se trataría de un miedo a la democracia, una condeña a mantener una atmósfera de tensión, de desasosiego, que bien podría acabar con lo poco ganado desde el año 2000 y con la paz social.

En el fluido ambiente político de la campaña presidencial de 2006, la única certidumbre fue la incertidumbre y así lo indicaron las encuestas. Sin embargo, no se trató ya de la sana incertidumbre democrática, sino de otra donde cada vez son más importantes los elementos no democráticos, los que no buscan vencer, sino destruir al oponente.

En principio, una contienda democrática es incompatible con un ambiente de "guerra total". Le es indispensable el juego limpio y la tolerancia; una donde ningún contendiente pueda ganar todo o perder todo.

En la democracia es necesaria la internalización del espíritu de moderación no sólo por razones morales, sino prác-

142

ticas: el ganador sólo lo es por un tiempo, pues las tablas pueden voltearse y convertirse en un perdedor que será medido con la vara que midió. Además, en estos sistemas, un ganador suele necesitar la colaboración del perdedor para sacar adelante la legislación que le interesa. Obviamente, si el vencido considera que su derrota se logró por vías ilegales o ilegítimas, y que el objetivo final es eliminarlo, no aceptará jugar el papel de "oposición leal" y se transformará en una oposición no vinculada al sistema por considerar que los dados están cargados.

Durante su campaña electoral, cuando buscaba ser *todo para todos*, Vicente Fox llegó al exceso de presentarse en un momento como gente de izquierda. En realidad desde el inicio se le identificó con la derecha, pero una derecha más moderada que la del PAN tradicional. La moderación quedó demostrada cuando aceptó la presencia del subcomandante Marcos en la ciudad de México, cuando no reprimió a los activistas de Atenco y cuando, para disgusto de muchos empresarios, no aceptó apoyar incondicionalmente a Estados Unidos en su disputa con Iraq.

Sin embargo, la moderación empezó a desaparecer cuando en el presidente anidó la idea de hacer a su esposa candidato presidencial y sus encuestadores le informaron del aumento en las preferencias ciudadanas por el jefe de gobierno del Distrito Federal, Andrés Manuel López Obrador. El presidente hizo entonces a un lado moderación y escrúpulos e inició una guerra política sucia contra el rival de su esposa que implicó, entre otras cosas, revivir lo que se suponía superado: el uso del poder presidencial en favor de un candidato y un partido. Al final, las ambiciones de continuidad de la pareja presidencial se quedaron en el camino, pero la política sucia arraigó.

La cronología de la guerra sucia es clara. Uno de los va-

143

lores centrales de AMLO es la honestidad personal —prenda rara en la política mexicana— ,pero es una característica que no se extiende a todos los miembros de su círculo inmediato. En esas condiciones, el objetivo de Fox y los suyos fue encontrar esos eslabones débiles en la cadena, y tuvieron éxito: se hicieron públicos unos videos que mostraban a René Bejarano, líder perredista y exsecretario de gobierno de AMLO, recibiendo fajos de dólares y al secretario de Finanzas del gobierno capitalino, Gustavo Ponce, jugando en grande en un casino de Las Vegas. Fue así como la primera batalla de una guerra cuyo objetivo era neutralizar las ventajas que la "honestidad valiente" le daba a AMLO la ganó el presidente. Sin embargo, como no se pudo involucrar personalmente a AMLO en el esquema de corrupción y estaba pendiente el asunto de los Amigos de Fox, donde al final nadie pisó la cárcel, el golpe no fue contundente.

Tras lo que debió de haber requerido un esfuerzo de planeación, el presidente y sus apoyos decidieron hacer algo radical: impedir que AMLO llegara a las urnas. Para ello se decidió usar un instrumento legal que sólo existe en un par de países: la fracción II del artículo 38 constitucional que retira los derechos políticos a toda persona sujeta a proceso. Tomada la decisión sólo faltaba encontrar el punto vulnerable, y en una burocracia tan grande como la del Distrito Federal no fue difícil: el supuesto desacato a un amparo. Los tribunales tienen miles de casos y se eligió uno que tenía que ver con no parar a tiempo la construcción de una calle para comunicar a un hospital. Para llegar a ese acuerdo, el 6 de abril de 2004 se reunieron a desayunar en Los Pinos con la cabeza de la Suprema Corte de Justicia de la Nación —un poder supuestamente independiente pero al final muy colaboracionista— el presidente, su secretario de Gobernación y su procurador. Se decidió que por el asunto de la calle era posible desaforar y procesar a AMLO y dejar al PRD sin su carta fuerte para el 2 de julio de 2006. Se planeó con cuidado el calendario y la alianza con el PRI para que la mayoría del Congreso apoyara el desafuero. El plan funcionó, pero algo salió mal: una gigantesca movilización ciudadana en contra de una "legalidad" exagerada, puntillosa y en la cual no existía una sanción clara, obligó al presidente a dar marcha atrás.

Si la primera batalla de la guerra sucia la perdió AMLO, la segunda la perdió el presidente y la guerra continuó. En la tercera batalla, la decisión de los involucrados fue engendrar un ambiente electoral de miedo, similar a ese que en 1994 le dio tan buen resultado a Carlos Salinas para dejar a Ernesto Zedillo en la silla presidencial.

La ofensiva del miedo de la campaña electoral se centró en crear, por la vía de un bombardeo de saturación de truculentos spots de televisión, la idea de AMLO como un peligro para México. Según la propaganda panista, sincronizada con el discurso diario y obsesivo del presidente, en la elección por venir no está en juego la simple alternancia en el ejercicio del Poder Ejecutivo, sino el destino mismo de la patria. Así, en contra de las cifras disponibles del propio gobierno federal, los mensajes advierten que AMLO endeudó como nadie a la ciudad de México. Sin ofrecer una sola prueba, sugirieron algo que rayó en traición a la patria: AMLO estaba apoyado por "células bolivarianas" enviadas por el presidente de Venezuela a México. En un acto tan oportunista como falto de ética, el candidato panista decidió ligar a AMLO con los violentos sucesos de Atenco y reafirmar la idea del peligro. El discurso de la derecha convocó a los fantasmas del pasado anticomunista para despertar miedo e histeria.

145

La campaña sucia de televisión requiere dinero y al candidato panista no le faltó. También requiere de la cooperación de las dos grandes cadenas televisivas. El apoyo abierto del PAN a la llamada "Ley Televisa" (apoyada también por el PRI y, al inicio, por la estupidez de los diputados perredistas), que tuvo el visto bueno del presidente, explica la buena voluntad de los consorcios televisivos, ambos con una larga historia de alianza con el poder. La campaña del miedo también requirió de un Instituto Federal Electoral que, en nombre de la libertad de expresión, y aprovechando los huecos y omisiones de la ley, mantuvo la luz verde para difundir propaganda sin sustento en la realidad y contraria a la atmósfera de civilidad y moderación que se necesita.

La tercera batalla también requirió usar el gasto social —Oportunidades, FISM, etcétera— para manipular el voto de los pobres, como antes lo hizo el PRI y lo criticó Fox en su momento. Un estudio auspiciado por el Consejo Consultivo de Desarrollo Social de Sedesol y difundido por Fundar, advierte que de no tomarse medidas urgentes era posible manipular el voto de 2 a 4 millones de pobres —justo el porcentaje que podría representar la victoria sobre AMLO. En este contexto, la visita de la responsable de Sedesol al domicilio del candidato del PAN y su posterior integración a su equipo de campaña aumenta las sospechas.

Entre las diferencias sustantivas que separan a las derechas de las izquierdas, y que en buena medida explican la naturalidad con que aquéllas echan mano de argumentos negativos en su larga e histórica pugna con la izquierda, se encuentran sus respectivas concepción del hombre y del fenómeno social. Esa diferencia ha llevado a que derechas e izquierdas sean portadoras de un ánimo más o menos pesimista las pri-

meras y más o menos optimista las segundas. Los conservadores, aunque no lo digan, parten de la idea de una naturaleza
del hombre contaminado por el pecado original, y por ello les
resulta muy natural apelar a los temores como instrumento e, incluso, como razón de ser de su actividad política —un ejemplo espléndido de las razones de la derecha para ser pesimista
y dura en política se tiene en Thomas Hobbes y su *Leviatán*—
en tanto que las izquierdas tiran más por el lado positivo, el
del optimismo.

La izquierda moderna es hija directa del Siglo de las Lu-
ces y de la idea del progreso. Karl Marx, por ejemplo, tuvo una
vida abundante en dificultades y miserias, pero al final la visión del mundo que nos legó fue esperanzadora en extremo: la
historia tenía un sentido último y éste desembocaba en el
tránsito del reino de la necesidad al de la libertad por la vía
dolorosa del conflicto social (la lucha de clases y la revolución).
Al final, los oprimidos se liberarían de sus cadenas y de todo
tipo de explotación y enajenación. La naturaleza misma sería
dominada y puesta al servicio del hombre en un entorno de
fraternidad real, sin clases sociales, sin política, sin dominantes ni dominados. Entonces y sólo entonces, daría principio
la verdadera historia del género humano.

Evidentemente, después del estalinismo y del patético
final de la URSS, la mentalidad utópica del grueso de la izquierda dio paso a la modestia y al realismo en métodos y objetivos.
Sin embargo, subsiste un optimismo matizado, fe en la bondad del pueblo, en su altruismo y su capacidad para entender
que hay un futuro mejor.

La experiencia muestra que la derecha prefiere el realismo, no ve en "el pueblo" algo confiable, pues las masas populares siempre serán las "clases peligrosas", de ahí la naturali-

147

dad con que los políticos conservadores, cuando se sienten amenazados en sus privilegios —de Lucas Alamán a Felipe Calderón—, busquen su defensa en la creación y difusión de una atmósfera de aprensión ante un futuro donde ellos no estén como parte del control. Abundan los ejemplos, desde la forma en que se defendieron las monarquías frente al embate de la Revolución francesa a la manera como la derecha española en los treinta o la chilena en los setenta empaparon de temor a una parte de sus respectivas sociedades ante la posibilidad de que un juego democrático modificara en favor de los históricamente menos favorecidos la forma en que se habían venido repartiendo las cargas y los privilegios en contextos de profundas diferencias de clase.

En el tiempo electoral mexicano de 2006 —cuya característica dominante fue la polarización—, se repitió la vieja historia: ante la posibilidad de un cambio bastante moderado por la vía electoral y democrática, la derecha optó por presentar al otro no como un mero adversario, sino como un enemigo a destruir asegurando que estaba poniendo en peligro a la patria. Y todo esto en un país que cuenta con una tradición muy pobre en materia de democracia política, pero muy rica en autoritarismo.

Lo que estuvo en juego en México es la capacidad de los actores políticos conservadores para usar el miedo —y el odio— como inhibidor de la imaginación de las clases subordinadas en relación con las posibilidades del futuro, y la capacidad de los actores de izquierda para despertar esa misma imaginación en sentido positivo.

La derecha mexicana buscó presentar la elección presidencial de 2006 como la "Madre de todas las elecciones": un choque maniqueo entre la ley, el orden y el sentido de la res-

148

ponsabilidad —el PAN—, y la demagogia, la ilegalidad, la violencia y la irresponsabilidad —el PRD. Su objetivo fue crear en el electorado "blando" la sensación de que estaba en juego no una simple elección presidencial, sino que caminábamos al borde del precipicio. Para ello, nada mejor que apelar al temor de una sociedad conservadora, donde las encuestas señalan que casi 40% ve a la inseguridad como el problema colectivo más grave y donde los temas de justicia social, como son la precariedad del empleo o la pobreza, sólo son primordiales para el 15 y 9% de los ciudadanos, respectivamente.

Mientras las fuerzas beneficiadas con la preservación del statu quo se propusieron eliminar al candidato más importante de la izquierda acusando a sus colaboradores de corrupción, buscando su desafuero o contraponiendo a su plataforma electoral reformista temas como la estabilidad macroeconómica o los programas sociales del gobierno, ese candidato logró mantener la iniciativa. Sin embargo, cuando sus oponentes decidieron cambiar de estrategia y gastar enormes sumas de dinero en desarrollar una agresiva campaña basada en elementos negativos encaminados a despertar recelos y desconfianza frente a las propuestas de cambio, empezaron a avanzar en las preferencias electorales.

La campaña del miedo se inició con asesoría de buenos mercadólogos y muchos spots televisivos. Esta estrategia se afianzó cuando los noticiarios televisivos se saturaron con imágenes de violentos choques entre la policía y mineros en Lázaro Cárdenas, en Michoacán y, sobre todo, con los protagonizados entre policías y "macheteros" de San Salvador Atenco, en el Estado de México, para culminar con la aparición del rebelde mexicano más famoso, el subcomandante Marcos del EZLN, en la mayor cadena de televisión y en hora privilegiada, donde rei-

149

teró su llamado a la lucha contra cualquier autoridad, incluida la que emane de las elecciones por venir. De esta manera, se buscó asegurar que los mensajes que presentan al candidato del PRD como un "peligro para México" y se apoyan incluso en imágenes de linchados en Tláhuac, adquieran un trasfondo de supuesta realidad y urgencia.

El discurso panista no buscó probar o argumentar, sino sólo apelar a las emociones negativas y los temores de clase para ahogar los argumentos de una izquierda a la defensiva, cuyo candidato insistió que lo suyo era la oposición institucional, pacífica y constructiva.

El apelar al miedo, abonarlo con imágenes de conflicto y concluir con el "triunfo de la ley" gracias a la firmeza de la autoridad, buscó borrar o al menos desplazar del centro de la discusión los fracasos de la derecha en el gobierno. Y esa lista es larga: entre 2001 y 2005 apenas se tuvo un ridículo crecimiento per cápita anual de 0.62%, pese a un espectacular crecimiento de los precios del petróleo exportado y de las remesas de migrantes, la economía mexicana bajó del lugar nueve al catorce en el contexto mundial, la migración masiva de mexicanos a Estados Unidos en busca de empleo (400 mil al año) se incrementó, la violencia del crimen organizado se acrecentó y ya decapita a sus víctimas para infundir mayor temor a la sociedad, no se llevó a la justicia a los grandes violadores de los derechos humanos —Luis Echeverría, *et al.*—, tampoco a los grandes corruptos del pasado —del Fobaproa al Pemexgate— o del presente, como al exgobernador mexiquense Arturo Montiel.

150

LA IGLESIA

D esde hace mucho se sabe que si alguien puede y quiere presionar políticamente en favor de algún interés particular, el final del ciclo sexenal es un buen momento para hacerlo. Esto era cierto antes del año 2000, lo es más ahora y tal coyuntura explica, al menos en parte, los movimientos del duopolio televisivo, de los maestros de Oaxaca, de los sindicatos o de la Iglesia católica, entre otros.

En el antiguo régimen priísta, al llegarse el sexto año de cada administración, la autoridad del presidente experimentaba una pérdida de poder como resultado del proceso de transmisión del mando. En la actualidad, este fenómeno de la debilidad relativa de la estructura de autoridad al final del sexenio fue más evidente. El gobierno de Vicente Fox empezó a perder poder desde la segunda mitad de su mandato como resultado de un proceso de sucesión muy adelantado. Además, en un entorno de competencia electoral dura y cerrada, la tercia de candidatos viables estuvo más abierta que en otro momento a la negociación con ciertos actores o fuerzas políticas importantes. La Iglesia católica estaba al tanto de esto y actuó en consecuencia.

El arzobispo auxiliar de la arquidiócesis de México, Abelardo Alvarado, declaró que los dirigentes de la Iglesia cató-

151

lica hicieron saber a los tres candidatos presidenciales viables que ellos, los jerarcas católicos, deseaban que se procediera a reformar la estructura legal para disminuir las "restricciones" que aún pesan sobre las iglesias y que les impiden ampliar su campo de acción. Es muy importante que estas instituciones puedan operar sus propios medios de información (televisión). Para el arzobispo encargado de la relación entre la Iglesia católica y el Estado mexicano, la plena libertad religiosa aún está por conquistarse[1]. No hay duda de que es significativo que tales planteamientos surgieran cuando se celebra el segundo centenario del natalicio de Benito Juárez, personaje fundamental en la lucha por limitar el enorme poder político, económico y cultural de la Iglesia católica en el México independiente.

Hace apenas tres o cuatro lustros, pocos hubieran supuesto que tras dos guerras civiles —la de Reforma y la Cristera— y dos modus vivendi entre gobierno e Iglesia —el que se logró en el Porfiriato primero y a partir de 1929 después— el tema de las relaciones Iglesia-Estado se volvería a replantear en México. Sin embargo, eso es lo que ha sucedido a partir del gobierno de Carlos Salinas.

Los liberales mexicanos de mediados del siglo XIX se empeñaron en lograr algo formidable, revolucionario: liberar por vez primera al Estado de cualquier fundamento religioso. En el universo prehispánico, religión y política habían sido siempre una y la misma cosa. Impensable desligar la legitimidad del gobernante de su función religiosa. En el mundo azteca, por ejemplo, la razón de ser de la sociedad misma era el culto a sus dioses. Sin la acción permanente de ese pueblo elegido, la deidad misma no sobreviviría. Con la transformación de México en colonia española, la cosa no cambió mucho en la práctica. Es verdad que la nueva deidad ya no necesitaba del

152

hombre para sobrevivir, pero el hombre sólo tenía sentido en función de la deidad. La legitimidad de la cabeza de ese Estado colonial se asentaba en la voluntad de Dios y una de sus principales razones de ser era la protección de la fe y de la Iglesia católica.

Cuando México alcanzó su independencia en 1821, el nuevo ordenamiento legal mantuvo la unidad entre Estado e Iglesia católica, pero ya se tenía conciencia y se discutía una opción radical: la secularización del Estado. En efecto, la primera enmienda a la Constitución de Estados Unidos, por ejemplo, señalaba que no se pasaría ninguna legislación referida al establecimiento de una religión ni a la prohibición de otra; la libertad individual en este campo sería absoluta. En Francia, la revolución hizo de la secularización una de sus grandes innovaciones políticas. Estas ideas pronto se convertirían en asunto central en la agenda de los liberales mexicanos.

En la Nueva España, la Iglesia católica construyó una de sus estructuras más fuertes. Y fue por eso que en México la implantación y expansión del liberalismo se dio, sobre todo, como una lucha entre una elite modernizante y una iglesia de Estado con notables privilegios corporativos. La separación Iglesia-Estado y la primacía de la ley civil fueron considerados condición sine qua non para la transformación mexicana. La oposición de la Iglesia a tan radical política llevó a escalar el conflicto que desembocó en la Constitución de 1857, una guerra civil, una intervención externa y, finalmente, en la derrota política, militar y económica de la Iglesia, la supremacía de la ley civil y la creación de un Estado libre de ataduras religiosas.

Años después, el apoyo del Partido Católico a la dictadura militar de Victoriano Huerta (1913-1914) volvió a abrir de par en par el tema de la relación Estado-Iglesia, pero esta

153

vez en un contexto de revolución social. La Constitución de 1917 reafirmó y radicalizó los postulados anticlericales de su antecesora y la tensión desembocó en la cruel guerra Cristera de 1926-1929. La elite revolucionaria terminó por imponerse, aunque su victoria militar fue menos contundente que la del siglo anterior y debió hacer concesiones, pero mantuvo la dureza constitucional.

La sociedad mexicana, aunque básicamente católica y conservadora, aceptó y se adaptó al nuevo statu quo. Las ideas de restauración de alguna forma de unión Iglesia-Estado sólo sobrevivieron en nichos marginales. Sin embargo, la gran crisis económica y política de 1982, que desembocó en el neoliberalismo y en el fraude electoral de 1988, llevó a que los herederos del jacobinismo liberal y revolucionario abandonaran su posición original y buscaran el apoyo activo de la Iglesia católica para hacerle frente a las presiones de la oposición. El resultado fueron las reformas constitucionales del 28 de enero de 1992, impulsadas por Carlos Salinas y aceptadas por un Congreso obediente a la voluntad presidencial, que modificó los artículos 27 y 130 constitucionales y dio personalidad jurídica a las iglesias que se registraran como asociaciones religiosas. Con ese cambio, las iglesias pudieron, entre otras cosas, volver a poseer los bienes que se consideraran necesarios para sus fines, aunque se mantuvo la prohibición de que sus ministros ocuparan cargos públicos o realizaran proselitismo político. Las relaciones oficiales entre El Vaticano y el Estado mexicano, inexistentes desde el siglo XIX, se reanudaron.

El liberalismo y la liberación del Estado mexicano de su añejo vínculo con la religión no se entienden sin las ideas de la Ilustración europea. Quizá por eso mismo, el resurgimiento del poder político de las iglesias en México tampoco se entiende si no se toma en cuenta lo que está ocurriendo en el ámbito externo, particularmente los desarrollos recientes entre religión y política en Estados Unidos. En su calidad de centro del sistema internacional, nuestro vecino del norte es el gran foco de irradiación de ideas políticas para el resto del mundo.

De acuerdo con Kevin Phillips[2], en Estados Unidos ha ido en ascenso la influencia de lo que él llama fundamentalismo protestante, crecimiento que se ha hecho a expensas de las iglesias más moderadas, como la Episcopal o la Presbiteriana. Ese fundamentalismo cristiano adopta una interpretación literal de la Biblia —el creacionismo como alternativa a Darwin— y una preferencia política por líderes conservadores. Para Phillips, el Partido Republicano actual es, en la práctica, el primer partido religioso en Estados Unidos. Sea justa o no la apreciación anterior, de lo que no hay duda es de que en el país vecino es cada vez más importante el elemento religioso en sus procesos políticos y eso se deja sentir fuera.

El tema de la religión, las iglesias y la política no es hoy uno que ocupe un lugar central en la agenda mexicana pero, nos guste o no, es un hecho que ya está en esa agenda. Su presencia ahí nos va a obligar a volver a discutirlo y en los términos que la Iglesia católica y sus aliados dentro y fuera del gobierno elijan, pues son ellos los que hoy por hoy llevan la voz cantante en este tema. A doscientos años de su nacimiento, Juárez —su espíritu— está siendo puesto a prueba.

CRISIS POSTELECTORAL

2006, prueba de la democracia

Hace más de cincuenta años, Joseph A. Schumpeter,[1] el economista austrohúngaro que incursionó en la teoría política, advirtió que un indicador básico de la naturaleza y calidad de la democracia se encontraba en la existencia o no de verdaderas diferencias entre las plataformas de los contendientes. Si sólo se podía elegir entre proyectos que eran meras variaciones sobre una misma idea, entonces la competencia democrática sería pura forma.

En el año 2000, y tras una larga lucha, los mexicanos tuvimos, por fin, la oportunidad de ejercer el derecho al voto dentro del esquema de las democracias modernas. Sin embargo, las plataformas que entonces tenían posibilidades de triunfo, las encabezadas por Francisco Labastida del PRI y Vicente Fox del PAN, eran similares, pero con un margen de credibilidad abismal. La tercera fuerza, la que podía representar una opción diferente —la de izquierda— y que se agrupaba alrededor del PRD y de su candidato, Cuauhtémoc Cárdenas, ya estaba exhausta.

El grueso de los mexicanos vivió los comicios del 2000 como un suceso histórico —la madre de todas las batallas electorales—, como la lucha entre un impresionante pero carcomido partido de Estado y una robusta oposición democrática. Con la perspectiva que da el tiempo y el cambio de circunstancias, hoy se puede comprender que lo que entonces pareció un mero detalle —la sustitución del perredismo por el panismo como la principal oposición electoral después de 1988— fue algo muy importante. En efecto, el que hace seis años la disputa en las urnas fuera entre el PAN y el PRI significó que los poderes fácticos —el gran capital nacional y extranjero, la Iglesia católica, los principales medios de información, el gobierno estadunidense—, la clase media y, en general, todos los que tenían temor al cambio de fondo, pudieron darse el lujo de votar en contra del régimen que había dominado a México durante casi todo el siglo XX. Y lo hicieron porque ese acto democrático no tenía el contenido propuesto por Schumpeter.

Los proyectos de Labastida y Fox no fueron muy diferentes. Bien puede suponerse que para el Consejo Mexicano de Hombres de Negocios (CMHN) —por citar la organización que reúne a la elite del capitalismo mexicano—, la elección del año 2000 no cuestionó la política económica ni la forma de operar de los empresarios dentro de ésta. Para la poderosa cúpula aceptar que el PAN sustituyera al PRI en la Presidencia de la República debió ser una forma segura e indolora de ponerse a tono con los tiempos históricos: los de la legitimidad de la autoridad vía elecciones equitativas, imparciales y con resultados ciertos, para usar la fórmula consagrada.

La llegada de Fox, antiguo administrador de Coca Cola, a Los Pinos, no debió significar para los grandes del capitalismo mexicano otra cosa que abandonar algunas viejas conexiones políticas y construir su equivalente con el nuevo equipo. Pero esto no debió ser difícil ni llevarles mucho tiempo, pues ha-

157

blaban el mismo lenguaje y, sobre todo, tenían los mismos intereses de clase y de grupo. El saber que en el sexenio panista se tendría en la Secretaría de Hacienda (y en el Banco de México) al mismo equipo que en el pasado priísta debió implicar que algo cambiaba en la arena política, pero nada en la económica.

En contraste, la disputa de 2006 sí ofreció lo que Schumpeter señalara como un rasgo medular de la verdadera democracia. Las plataformas contendientes —las formuladas por Andrés Manuel López Obrador y el PRD, de un lado, y Felipe Calderón y el PAN, del otro— representaron proyectos distintos y, sobre todo, algunas opciones de política social y económica que significan transitar por otros caminos (aunque no contrapuestos) tanto para empresarios como para el ciudadano común y para los intereses que se encuentran entre ambos.

Desde el momento en que las encuestas empezaron a sugerir que el personaje que ya apuntaba como candidato presidencial del PRD —AMLO— podía dar a la izquierda una oportunidad de triunfo en el contexto de unas elecciones "equitativas, imparciales y ciertas", se prendieron focos rojos en varios círculos del poder. Mucho tuvo que ver el estilo contestatario e irreductible del representante de la izquierda, que en más de una ocasión, en funciones de jefe de gobierno e incluso como candidato, hizo gala de una tozudez que dio muy mala espina. El cambio de régimen tan terso y suave en el 2000 empezó a perder su carácter de "transición de terciopelo". Y el punto donde empezó a resquebrajarse la promesa fue en el campo de la imparcialidad.

Desde muy temprano el gobierno foxista empezó a dar muestras de parcialidad hacia el proyecto político de la esposa del presidente, que más tardó en llegar a Los Pinos que en iniciar una espectacular campaña de medios con miras a posicionarse como una gran figura pública con posibilidades de ser candidata a la Presidencia.[2] Luego vino el insistente esfuerzo del gobierno federal para, mediante una interpretación muy estrecha de una disposición legal en un asunto administrativo muy menor, pedir y lograr que el Congreso retirara el fuero que AMLO poseía como jefe de gobierno del Distrito Federal y, de esa manera, iniciar un proceso legal, alargar la causa e impedir su registro como candidato presidencial. Se quería, así, predeterminar el resultado de la elección antes de que los comicios tuvieran lugar.

A esas alturas ya se había desvanecido la preocupación que se había tejido en torno a la probable candidatura de la esposa del presidente, pero entonces el aparato del gobierno federal ya operaba para hacer sucesor de Fox al secretario de Gobernación, Santiago Creel. Una vez que ese esfuerzo también falló, y que la elección interna del PAN se decidió a favor de un panista tradicional, Felipe Calderón, el presidente se puso en campaña para usar todo el peso de su oficina y su innegable popularidad para neutralizar a AMLO.

El gasto del PAN en los medios superó al de su contrincante de izquierda. La decisión del Consejo Coordinador Empresarial de intervenir directamente pagando una serie de spots de televisión que, en el último minuto, reforzaron la estrategia panista de hacer ver a AMLO como "un peligro para México" hizo aún más evidente lo que ya era obvio: que la equidad no sería una característica de la elección de 2006.

Finalmente, el día de los comicios el gran aparato levantado en torno al Instituto Federal Electoral (IFE) llegó a ser incapaz de proveer —por lagunas e imprevisiones legales— el resultado inmediato que se esperaba de él. El comportamiento "atípico" de las cifras que fueron apareciendo en las pan-

159

tallas del IFE el domingo 2 de julio y, una vez más, el miércoles 5, despertaron al viejo monstruo de la desconfianza y alimentaron en muchos la sospecha de una interferencia deliberada con el sistema de cómputo del IFE a favor del PAN. Fue entonces cuando el PRD decidió cuestionar el proceso electoral e iniciar lo que sabe hacer muy bien: la movilización tumultuaria de sus bases en las calles.

La mañana del 3 de julio nos encontramos con lo impensable: un signo de interrogación se había levantado en ese lugar que por 66 años consecutivos han ocupado primero la derecha del PRI y luego la del PAN, pero donde muchos ciudadanos de las zonas populares de nuestra sociedad se habían imaginado la posibilidad de ver a una izquierda desplazada del poder desde 1940.

A la sorpresa original se le añadió algo preocupante: el retorno del fantasma de la sospecha. En la izquierda y en parte importante de la ciudadanía hizo nido la idea de una manipulación de los resultados para negarle su derecho a ser puntualmente contados en la pugna por definir la conducción democrática del país.

Desde su desalojo del poder al concluir el cardenismo, la izquierda ha deambulado, muy hostigada, por los desiertos de la política mexicana. Pero hoy ya ha acumulado la fuerza, el ánimo y el líder para hacer creíble su empeño en dirigir los destinos del país. Lo peligroso del paréntesis que se abrió tras el cierre de las urnas el 2 de julio no es tanto la reelección de la derecha panista, sino que su adversario se quede como oposición agraviada por una supuesta falta de transparencia electoral.

Históricamente, a la izquierda se le ha demandado el esfuerzo de ser el adversario que siempre va cuesta arriba. Desde luego que la derecha también ha vivido tiempos en que tuvo

160

que nadar contra la corriente, pero finalmente no está en su naturaleza emular el temple del salmón. Su esencia es la propia de los que viven para la defensa y mantenimiento de intereses materiales y que manejan el timón para navegar con la ayuda del poderoso viento de las inercias.

En determinadas coyunturas, la derecha puede sentir el impulso de buscar un cambio, arriesgarse y poner manos a la obra, pero como conjunto, rara vez empeña todo su ser en la lucha contra lo que existe, pues, a fin de cuentas, su razón les permite acomodarse si la ganancia es mayor que el pago. Desde luego que no todo miembro de la derecha desdeña los principios, pero como conjunto y en los momentos críticos el realismo descarnado suele dictar el proceder de las mentes conservadoras. No hay duda de que la izquierda también llega a esta forma de conducta pragmática cuando un largo ejercicio del poder le ha llevado a acumular comodidades y privilegios (véanse a los socialistas españoles tras el largo gobierno de Felipe González y los estalinistas soviéticos), pero eso no suele suceder cuando está en el proceso de encabezar el cambio.

El mejor momento del ala progresista de la Revolución mexicana fue breve: apenas el cardenismo. El general Lázaro Cárdenas no asumió el poder presidencial el primero de diciembre de 1934, cuando tomó posesión, sino a mediados de 1935, tras una maniobra bien ejecutada que le permitió deshacerse del poder conservador de Plutarco Elías Calles e iniciar un vigoroso proceso de reparto agrario, organización sindical y nacionalización del petróleo.

La enorme resistencia de la derecha —especialmente en el norte del país— aunada a los efectos de la segunda guerra mundial y a la política de "unidad nacional" hizo desertar a los cardenistas tibios y que otros, como los sindicatos o el

161

Partido Comunista, bajaran la guardia en aras del gran esfuerzo contra el fascismo. Para 1946 el PRM de Cárdenas ya era el PRI de Miguel Alemán. La guerra fría que envolvió al orbe a partir de 1947 permitió a ese epítome de la derecha, Miguel Alemán, en nombre de una industrialización cuyo costo pagarían los trabajadores y la agricultura tradicional, consolidar un anticomunismo discreto pero eficaz.

El presidencialismo autoritario, con un aparato de control centrado en la Secretaría de Gobernación y en la Dirección Federal de Seguridad y auxiliado en momentos clave por el ejército, combinado con una sistemática cooptación de opositores, dieron forma a la época dorada de un autoritarismo priísta y derechista. La armónica relación de la alta burocracia con el empresariado, la Iglesia católica y Washington aparece hoy, a ojos de los conservadores, como una bella página de un libro de historias ejemplares. El PAN de entonces no estaba para disputar el poder, sino para mantener la utopía conservadora: un México que se desprendiera de los remanentes de la revolución y del cardenismo, y donde se moderaran los excesos de la corrupción pública.

El estupendo ambiente (a los ojos de los conservadores mexicanos) de control y corrupción en gran escala que significaron el alemanismo y su continuación —el "milagro mexicano"— tuvo un final abrupto en 1968. Al verse desafiada la derecha priísta sacó a la superficie su íntima y brutal dureza. Todos los beneficiados por el aparato de dominación dieron entonces su aceptación a esa especie de "solución final" del 68, pero la paz de antaño ya no retornó. Las concesiones que Luis Echeverría y José López Portillo se vieron obligados a hacer a los opositores y a las "clases peligrosas" irritaron a una parte empresarial poco ilustrada, que no quiso comprender que el célebre "populismo" de LEA y JLP no era otra cosa que el precio a pagar para mantener un statu quo autoritario que había sufrido una grave sangría de legitimidad.

El catastrófico fin del modelo económico "nacionalista", en 1982, forzó a priístas, empresarios y PAN, entre otros, a cerrar filas, buscar un arreglo a fondo con Washington y su "consenso" económico neoliberal y relanzar el proyecto de desarrollo, montados sobre el espíritu de la globalización, la privatización y el Tratado de Libre Comercio de la América del Norte. Sin embargo, para hacer tamaña operación debieron romper con la "economía moral" del pasado inmediato.

La reacción al escenario descrito fue una insurgencia electoral de los sectores populares que apoyó a una izquierda encabezada por Cuauhtémoc Cárdenas. La crisis obligó al régimen a recurrir al fraude electoral y a las derechas, priísta y panista, a llegar a un acuerdo de cooperación abierta en lo fundamental. La gran corrupción en el proceso de privatización se convirtió en elemento importante para solidificar el acuerdo histórico entre grandes empresarios y políticos.

El fin de la guerra fría y el fin de la persecución política en nombre del anticomunismo, aunados al poco éxito de la nueva economía de mercado por llevar sus beneficios más allá del gran capital y de algunos sectores de clase media, hicieron posible que la izquierda electoral de 1988 se consolidara después en un partido que, tras pagar el precio de participar en las elecciones competidas, pero muy poco equitativos, de 1994 y 2000, en 2006 estuvo en la posibilidad de ser una alternativa creíble de gobierno.

La elección de 2006 encontró a la izquierda con el discurso de tintes demagógicos pero adecuado —"primero los pobres"— y el líder apropiado, pues la biografía política de Andrés Manuel López Obrador (AMLO) le dio el carisma y la templanza para sobreponerse a los fraudes priístas en Tabasco, a la divulgación de videos que documentaban el soborno de algunos de sus personeros y, finalmente, al intento por anularlo como candidato presidencial por la vía de un desafuero montado sobre una causa que no se pudo sostener. Ya en la campaña formal, el PRD y AMLO debieron enfrentar una propaganda negativa muy agresiva de un adversario con muchos más recursos económicos, el ataque sistemático del presidente, el uso partidista de la política social del gobierno federal, la oposición abierta del sector empresarial y la encubierta de muchos otros actores que ven en la idea de "primero los pobres" una amenaza intolerable a sus intereses particulares.

De acuerdo con la crónica de Diego Osorno sobre lo ocurrido en la sede del Partido Acción Nacional el 6 de julio, una anónima diputada de ese partido sintetizó así el significado real del resultado del conteo de las actas electorales que puso a Felipe Calderón por delante de Andrés Manuel López Obrador por sólo 0.58%: "Se acabó el 'Primero los huevones'. Ahora vamos a darles un empleo y ponerlos a trabajar". La diputada respondía así, con sorna, al eslogan que había quitado el sueño a las clases dominantes de México y que fue el corazón de la campaña de su adversario: "Primero los pobres".[3]

La anónima diputada (¿qué diputado mexicano, finalmente, no es anónimo?), arropada por los suyos en ese momento de euforia, dijo lo que bien pudiera ser un resumen de la posición y del sentimiento de superioridad moral de quienes conforman la derecha mexicana: ignorancia o renuencia a reconocer la naturaleza del problema social mexicano, más insensibilidad y dureza hacia aquellos que ya consideran, una vez más, los vencidos. Sin duda hay excepciones a esta generalización, pero la posición de la derecha no la moldean las excepciones.

La afirmación de la diputada panista significa que los pobres son naturalmente reacios a trabajar. Y el argumento implícito es claro: la causa de la pobreza es el gusto de los pobres por la holganza. Por tanto, si los panistas y sus simpatizantes se concentran en las zonas de los ingresos medios y altos —y así lo confirman los datos de las encuestas de salida tras la última jornada electoral[4]—, tales ingresos están económica y moralmente justificados por ser ellos, los sectores medios y altos, el mejor ejemplo de "la cultura del esfuerzo"; nadie tiene derecho a suponer que los intereses de una masa de indolentes pueda estar por encima de los de ellos, los que sí son productivos.

Argumentar en contra de semejantes supuestos se puede hacer desde múltiples y diferentes ángulos, pero basta señalar que los múltiples estudios sobre la historia del trabajo en México —como la del resto del mundo—, y que evidentemente nunca han sido consultadas (o comprendidas) por la diputada panista, muestran cómo, por ejemplo, en el siglo XIX, los obreros urbanos, entre los que se encontraban niños y mujeres, trabajaban de 12 a 15 horas diarias y nunca ritmo tan inhumano les permitió superar su pobreza abismal. Hoy, nadie podría negar lo agotador y brutal de la tarea de los rarámuri en Chihuahua, pero ese enorme esfuerzo por arrancar la subsistencia a las zonas inhóspitas a donde ha sido relegada esa etnia (esfuerzo muy superior al de cualquier diputado de cualquier facción) no impide que, en conjunto, los rarámuri sean hoy pobres entre los pobres mexicanos. En los últimos cien años, son los más humildes los que han emigrado en mayor número a Estados Unidos y han sido absorbidos con avidez por la economía estadunidense, justamente porque tienen una notable vo-

165

luntad de trabajar duro y bien si las condiciones lo aconsejan.

En contraste, la mayoría de los ricos en México lo son porque no nacieron pobres. Muchos heredaron o consiguieron vía matrimonio su capital inicial, contaron con una educación formal e informal adecuada y con conexiones familiares o sociales que les ayudaron. Y, sin lugar a dudas, casi todas las grandes fortunas mexicanas tienen en su origen conexiones políticas las más de las veces impugnables. En varios casos son las ligas con el poder —información privilegiada, contratos, concesiones, venta de empresas paraestatales— lo que explica, al menos en parte, la existencia de las fortunas notables.

En este siglo XXI cualquier persona cultivada y no atada a prejuicios clasistas sabe que la causa principal de la pobreza no es el gusto por el ocio —indolentes los hay en todas las clases sociales—, pues los desamparados son quienes menos pueden darse el lujo de negarse a realizar algo para subsistir. La causa principal de la pobreza es la desigualdad, las desventajas iniciales y falta de oportunidades que ésta genera. Si el grupo al que la diputada panista pertenece no atina a comprender lo anterior, entonces estamos frente a un caso irremediable de inopia mental y moral.

Tras la conquista, el dominio español y la introducción de su peculiar capitalismo, surgieron crisis periódicas en la agricultura colonial que echaron de sus comunidades a multitudes indígenas que migraron a pueblos y ciudades donde combinaron trabajos eventuales con la mendicidad y el robo. Estas "clases peligrosas" fueron objeto de desprecio, ínfimas ayudas y mucho control policiaco.

Durante el México colonial, a lo largo del siglo XIX, e incluso hasta los inicios del siglo XX, las buenas conciencias que poblaron los cuerpos legislativos y los gobiernos locales —los

166

antecesores de la diputada panista—pretendieron resolver el problema de los pobres con leyes contra "vagos", "mendigos", "viciosos", "mal vivientes" y "amancebados". Así, las víctimas de la destrucción del orden original y del gran despojo posterior se vieron en un callejón sin salida: los culpables de su "ocio" eran ellos mismos y, por eso, las clases dominantes les aplicaron leyes que no remediaron su situación, pero en cambio sirvieron para enrolarlos, a partir de los 16 años, en el ejército, o enviarlos a casas de corrección, a obrajes, a haciendas de labor, fábricas, talleres o proyectos de colonización. Corregir a los vagos —entre los que se incluía no sólo a los sin trabajo, sino a los que iban de pueblo en pueblo con instrumentos musicales, animales adiestrados o juegos de suerte o azar, o bien, en los veinte en Chiapas, a los curas "que ejerzan sin autorización legal"— por la vía del castigo fue la excusa de las clases dirigentes para calmar su conciencia y no asumir responsabilidades. Sólo excepciones, como Francisco Zarco, sostuvieron que la "vagancia" no era un problema del carácter del individuo sino del orden social imperante.[5]

La diputada panista a la que no le gustó el "Primero los pobres" ya no dispone, como sus antecesores, de instrumentos legales para hacer que los actuales "vagos" vayan a parar, por ley, a sitios donde, en vez de ayudas les espere el trabajo. Sin embargo, y según ella, con el triunfo de la plataforma de su partido, "vamos a darles un empleo y ponerlos a trabajar". En primer lugar, el "vamos a ponerlos" es sólo una fantasía de su grupo, pues hoy al ciudadano mexicano nadie "lo pone" a trabajar; el trabajo forzado ya es historia y está por verse si el actual gobierno panista es capaz de generar empleos suficientes y al ritmo que el país necesita.

El PAN ha estado en el poder desde el 2001 y desde el inicio del sexenio prometió hacer crecer al PIB 7% anual y crear

167

al menos 1 millón de empleos en cada uno de esos seis años, pero no lo cumplió. Según las cifras oficiales, de 2001 a 2005 el crecimiento anual del PIB fue de apenas 1.9% y el ingreso per cápita de un magro 1%. El empleo en la manufactura disminuyó en 15.9% y los nuevos asegurados en el IMSS —un índice de creación de empleo formal— fueron, en promedio, apenas 300 mil al año. Todo un fracaso, compensado por empleos informales y la migración a Estados Unidos.

Unas elecciones bien llevadas, y es importante subrayar este calificativo, pueden servir para congelar o, al menos, bajar la temperatura de las contradicciones sociales que amenazan con transformarse en conflicto abierto. Sin embargo, ese mismo instrumento, mal aplicado, puede conducir esas contradicciones conflictivas no al congelador sino al horno. En efecto, una pérdida de confianza en la solución electoral pudiera llevar a los agraviados a concluir que sus demandas no tienen solución institucional.

En el primer sexenio de la democracia mexicana presidido por Vicente Fox se tuvo la gran oportunidad de encauzar por la vía electoral el descontento acumulado como consecuencia de la vieja y creciente desigualdad en la distribución de cargas y recompensas en la sociedad mexicana. Sin embargo, la imprudencia o voracidad de la Presidencia y, sobre todo, el no poner los valores democráticos por encima de los intereses de clase o grupo y la falta de visión de largo plazo del grupo gobernante parecieran haber acabado con la posibilidad de canalizar por el camino correcto a la aún embrionaria y no consolidada democracia política mexicana.

El empeño del expresidente Fox, del PAN, del PRI y muchos otros por sacar de la carrera electoral mediante el desafuero al líder de la izquierda, seguido por una campaña electoral poco equitativa y abiertamente polarizante, centrada en el miedo y concluida con una presentación torpe y, por ende, sospechosa del resultado del conteo de votos, llevó a que un grupo importante de ciudadanos hayan concluido que el procedimiento electoral no se rigió por las reglas del "juego limpio" sino que, como en el caso de la economía o de la impartición de justicia, los dados están cargados en contra de los que menos tienen.

En épocas recientes se han dado coyunturas que bien pudieron dar forma a movimientos sociales de izquierda, como fueron el neocardenismo de 1988 y el neozapatismo de 1994, pero finalmente el primero no lo quiso y el segundo no lo logró.

Un movimiento social que partiera de la frustración e irritación frente a la desigualdad con que la derecha manejó todo el proceso electoral de 2006 enfrenta como obstáculos sustantivos el conservadurismo tradicional de la sociedad mexicana, la cooptación, la acción concertada de los poderes fácticos, el apoyo internacional —en especial el estadunidense— a la derecha supuestamente democrática, las divisiones en el PRD, la vaguedad en los objetivos y muchos más. Sin embargo, también hay posibilidades: un liderazgo reconocido y decidido, la persistencia de la injusticia y la corrupción, el fracaso de la derecha en el cumplimiento de sus promesas, un ambiente de mayor libertad que en el pasado, etcétera.

Una forma de aproximarse al ambiente postelectoral de México es verlo como una lucha de líderes e intereses de la clase política. Desde luego que hay materia para tal interpretación. Sin embargo, otro posible nivel explicativo, de más fondo, es intentar comprender el problema como resultado de una enorme falla de líderes e instituciones que viene de tiempo atrás.

Posiblemente el momento electoral de 2006 exigía un

169

estándar de conducta muy alto a instituciones aún endebles en su armazón y raigambre democráticas; instituciones todavía empapadas de vicios del viejo régimen autoritario y corporativo, como son Presidencia de la República, Procuraduría General, partidos, sindicatos, organizaciones patronales, Instituto Federal Electoral, medios masivos de información y otras.

El movimiento de resistencia civil en México fue resultado, entre otras cosas, de un mal procesamiento de las tensiones que resultaron del choque electoral, muy abierto y directo de intereses ideológicos y de clase. Encima, una vez que la unidad artificial del autoritarismo priísta se desmoronara, empezó a brotar un pluralismo genuino, pero cuya naturaleza es áspera, reflejo fiel de la brutal y premoderna estructura social mexicana. En fin, que la dureza de la realidad social en un ambiente políticamente más libre y democrático desembocó en la imposibilidad de que las instituciones —y sus dirigentes— que intervinieron en la última elección presidencial, encauzaran de manera prudente, inteligente y honesta, un choque de intereses severo pero previsible.

Nuestra actual coyuntura política obliga a todos los observadores a usar a la interrogación como el signo dominante del análisis. En efecto, no es claro —no puede serlo— el resultado final de las acciones de resistencia encabezadas por el excandidato presidencial de la izquierda en la pasada elección, Andrés Manuel López Obrador. Una parte de la ciudadanía está dispuesta a ir más allá de las marchas para mostrar su grado de inconformidad con todo el proceso y los resultados oficiales de esa elección. Tomar, como lo hicieron, una arteria muy importante de la capital del país es una forma llamativa pero arriesgada. El sentimiento de agresión permeó incluso entre sus propios votantes.

170

La memoria colectiva ha puesto énfasis en los episodios donde la resistencia fue violenta y dramática. Sin embargo, ésa no ha sido, ni de lejos, la forma más común de resistencia. La historiografía mexicana apenas está empezando a explorar las formas de desobediencia y obstrucción no violentas de las colectividades subordinadas frente a decisiones de la autoridad que no aceptan como justas.

Esas formas de indocilidad no violenta contra los poderosos son tan antiguas como variadas. Los subordinados de todas las épocas y en todo lugar pocas veces pueden darse el lujo de retar abiertamente al orden establecido y a sus beneficiarios, pues saben que las consecuencias pueden ser catastróficas. De ahí que primero prefieran defender sus intereses regateando, pactando, demorando, obstruyendo, paliando, murmurando, ridiculizando, saboteando, desertando o por algún otro medio escondido. Sin embargo, a diferencia de la civil, esta resistencia no ha buscado los reflectores, ni puede ni pretende un cambio radical del statu quo, sino apenas que el sistema opere con un margen menor de desventaja para sus intereses concretos.[6]

La resistencia civil difícilmente se puede llevar a cabo con éxito en situaciones donde el régimen no es democrático y está en plenitud de sus poderes. Los casos más exitosos, los de Gandhi en la India o Martin Luther King en Estados Unidos, se dieron en sistemas políticos formalmente democráticos y con elecciones reales pero con claras fallas morales. En contraste, en Sudáfrica —donde Gandhi inició su resistencia pacífica—, la lucha contra la esencia de la antidemocracia —el Apartheid— se tuvo que ganar con una alta dosis de violencia.

Entre nosotros, la resistencia civil la intentó con relativo éxito el PAN, Vicente Fox incluido, en la etapa final del auto-

171

ritarismo priísta. Formalmente, México ya vive en la democracia, pero están aún vivos y actuantes prácticas o elementos del antiguo régimen. De lo contrario, cómo explicar el uso de la PGR en el intento de desafuero de AMLO o la actuación parcial y sistemática del presidente de la República en los medios de difusión para minar el apoyo a la candidatura del líder de la izquierda. La conducta electoral corporativa del sindicato de maestros, cuyo partido —Nueva Alianza— quizá logró transferir al candidato del PAN más de 1 millón de votos de los educadores, es vista como el pago a cambio del mantenimiento de los privilegios de un sindicalismo corrupto a costa de la posible y necesaria modernización de la educación.

Posiblemente lo más significativo de la elección del pasado 2 de julio en México termine por ser —y ésta es una mera conjetura, una hipótesis de trabajo— no el resultado mismo de la votación, ni lo que haga o deje de hacer al respecto el aparato institucional relacionado con ese tema, sino que el proceso se haya convertido, sin que nadie lo previera, en el detonador de un movimiento social y político de naturaleza popular y masiva, que lo mismo puede resultar efímero que consolidarse y cambiar la naturaleza misma de la política mexicana en los años por venir, pues un sector de las capas populares que, sin ser mayoría, es muy numeroso, se ha politizado muy rápidamente, se resiste a volver a las márgenes del sistema de poder y está desafiando un orden, que según todos los indicadores disponibles de distribución del ingreso, de desarrollo humano y el propio sentido común, muestran que redunda en un beneficio exagerado e ilegítimo de los pocos en detrimento de los muchos.

La supuesta conclusión de un "proceso electoral ejemplar" ha desembocado en una izquierda con base social, pero recelosa del entramado institucional que prefiere apostar por la movilización social como el mejor camino.

En nuestra recién nacida democracia política, se suponía que las masas sólo intervendrían en política cuando el calendario electoral lo autorizara. En contraste, la derecha podía seguir haciéndolo de manera cotidiana vía el control del gobierno, el manejo del mensaje que dan los grandes medios de información, la acción de los cabilderos profesionales, de las cámaras empresariales, etcétera.

El Tribunal Electoral del Poder Judicial de la Federación (TEPJF) encontró problemas en la elección presidencial del 2 de julio pasado, pero, al final, declaró ganador por medio punto porcentual al candidato de la derecha. Legalmente, ya no hay nada más que hacer y así se ha cerrado el último capítulo formal de la conflictiva elección.

Pero no fue un cierre con broche de oro sino todo lo contrario. No logró disipar las dudas que una parte de la ciudadanía mantiene en torno a la legitimidad del triunfo que ha avalado el entramado institucional vigente. La decisión del TEPJF intentó apegarse a la letra de la ley, pero de ninguna manera a su espíritu, y justamente por eso, a la vez que cierra, también abre un nuevo y muy difícil capítulo en la historia política de México. Ante la negativa del TEPJF a utilizar las conclusiones sobre la obvia parcialidad que afectó al proceso como sustento jurídico suficiente para el recuento "voto por voto y casilla por casilla", el derrotado optó por no reconocer la legitimidad del fallo.

En suma, la estructura institucional heredada por la joven democracia mexicana —IFE, TEPJF, Suprema Corte, etcétera— resultó incapaz de avalar lo que requiere cualquier democracia que funcione bien: garantizar una lucha en buena

173

lid que, consecuentemente, dispensase legitimidad a quien ejerce el poder. Al borde de lo desconocido, esperemos que los actores políticos muestren más inteligencia y responsabilidad de la que han exhibido hasta hoy. El camino mexicano de consolidación democrática resultó mucho más difícil de lo imaginado. Hay que cuidar que sus graves deficiencias no acaben por echarlo por la borda.

Una consolidación que no cuajó

Hoy queda claro que la etapa más complicada de la transición mexicana a la democracia no fue la elección del 2000, cuando la alternativa era sacar o mantener al PRI en Los Pinos, sino la que está por venir. La opción se plantea en términos contundentes: entre los proyectos de la derecha y de la izquierda.

La disyuntiva presente ha resultado aún más significativa por el contexto de profundas divisiones sociales e históricas. En estas condiciones el marco institucional —herencia de la última etapa del antiguo régimen— no resistió la presión y varios diques cedieron.

El resultado inmediato de esta crisis institucional es un presidente electo de derecha frente a una izquierda que se niega a reconocerlo como tal, acusándolo de ser producto de un fraude. Por eso, la izquierda ha desechado el papel de "oposición leal" que se le quiere asignar (por decenios el PAN sí aceptó jugar ese papel pese a que un PRI autoritario usaba dados cargados) y ha optado por darse su propio presidente simbólico, que va a recorrer el país todo para ir determinando dónde, cuándo y cómo la izquierda dará la batalla al gobierno y a sus aliados. Esa decisión promete ser el inicio de una larga movilización social que nadie sabe cómo va a desarrollarse pero que, en cualquier caso, se propone mantenerse en el plano de lo pacífico.

175

El espíritu dominante en la vida política mexicana actual es, en buena medida, de carácter negativo. El PAN y sus aliados tomaron la iniciativa de ir en esa dirección al centrar la parte final y decisiva de la campaña electoral no en sus propuestas, sino en convencer al electorado de que el candidato de la izquierda era un contendiente legal, pero no legítimo. En efecto, al declarar al abanderado de la "Coalición por el Bien de Todos" como "un peligro para México", la derecha lo excluyó del proyecto nacional, pues nadie puede aceptar y menos negociar con quien, por voluntad propia, ha decidido poner en peligro al país, traicionar a su patria. Desde la derecha se dijo que a ese personaje había que detenerlo "a como diera lugar", y así se hizo o se creyó que así se haría.

Sólo cuando las instancias legales desecharon la posibilidad de revisar a fondo los discutibles resultados de una elección muy cerrada y declararon presidente electo al candidato de la derecha, éste y los suyos cambiaron de enfoque y ofrecieron su "mano tendida" al otrora "peligro para México". El cambio resultó tardío pero, sobre todo, ilógico. Si la visión panista inicial era correcta, el líder de la izquierda sigue siendo lo que era; por tanto no es moralmente correcto querer llegar a acuerdos con un riesgo para el país.

La izquierda, por su parte, ha reaccionado a la campaña negativa y a lo que considera una elección fraudulenta, negándole legitimidad y cooperación al gobierno panista. La oposición usará su negativa como punto de partida para reconstruir la base social de su proyecto alternativo de nación. Esa propuesta está anclada en los veinticuatro "No aceptamos" que enunció Andrés Manuel López Obrador el 16 de septiembre de 2006. Se trata de un rechazo a lo negativo: no cancelar el porvenir de los pobres, tampoco privatizar el petróleo y la in-

176

dustria eléctrica, al igual de no continuar con el abandono al campo, la persistencia de los grandes monopolios privados vinculados al poder y otros aspectos de nuestra realidad que se identifican como resultado del verdadero proyecto puesto en marcha por la derecha desde la crisis de 1982.

El poder de la derecha en México parece hoy imbatible. Cuenta con el apoyo de todos los gobiernos que le son importantes, empezando por el estadunidense. Obviamente, también tiene el respaldo del capital y de las iglesias.

Una radiografía parcial pero interesante de la red de intereses que da forma a la coalición que hoy sostiene a Felipe Calderón y a su proyecto se puede encontrar examinando las congratulaciones que se publicaron en la prensa apenas se le declaró presidente electo. Quienes felicitaron —y se felicitaron— públicamente por el triunfo de la continuidad son un conjunto representativo de la coalición que ha manejado por decenios a México, aunque hay ausencias notables. Para empezar, y por el lado de la religión organizada, está el episcopado mexicano, encabezado por el arzobispo primado de México, Norberto Rivera (el obispo de Saltillo, Raúl Vera, es una interesante excepción en este bloque). A ello hay que sumar docenas de asociaciones con connotación religiosa, algunas de larga y clara trayectoria política, como Provida o la Unión Nacional de Padres de Familia. En su felicitación, el Consejo Nacional de Laicos incluyó ya líneas de política a seguir, pues dijo a Calderón: "conocemos su formación personal... por eso esperamos en usted un férreo defensor de los valores universales, pidiéndole que esto se refleje, concretamente, en los programas y contenidos de la educación nacional". No podía faltar la vieja Unión Nacional Sinarquista. Por el lado del gran capital, destaca el aliado abierto del PAN: el Consejo Coordinador

Empresarial, pero también la Asociación de Bancos de México, la Cámara Nacional de Telecomunicaciones por Cable, la Asociación Mexicana de Intermediarios Bursátiles, los fabricantes de medicamentos, las instituciones de seguros, los de la industria electrónica, las financieras, cadenas de cines, gasolineras, casas de cambio, ganaderos, agricultores, etcétera.

Los viejos apoyos sindicales y corporativos del PRI también se hicieron presentes: la CTM y los otros 33 sindicatos del Congreso del Trabajo, obviamente la nueva directiva del sindicato minero, el SUTERM, organizaciones indígenas, etcétera. Y si el SNTE no pagó desplegados fue porque no hacía falta. Además, se sumaron algunos gobernadores priístas, como el de Nuevo León, organizaciones de profesionistas, agentes aduanales, músicos y "trabajadores de la industria del entretenimiento" con Chespirito a la cabeza.

La plutocracia no necesita, ni le conviene, aparecer en la fiesta de los desplegados. A Carlos Slim, cabeza del grupo empresarial más poderoso de México, le bastó con dejar saber que se había reunido en privado con el presidente electo. Y la lista de poderosos que ha dejado saber en el lugar apropiado su respaldo incluye, según la prensa, a María Asunción Aramburuzabala (Grupo Modelo), a Bernardo Garza Sada (Alfa), a Ricardo Guajardo (BBVA), a Lorenzo Servitje (Bimbo), a Claudio X. González (Kimberly Clark) y a otros de igual calibre.[1] Por su parte, los dueños de televisoras y radio refrendan con su labor cotidiana su membresía en este selecto grupo.

La izquierda no tiene nada que se compare a la elite que hoy arropa al presidente. El "Frente Amplio Progresista" es su núcleo institucional —PRD, PT y PC— junto con los gobiernos del Distrito Federal y de un puñado de estados. En realidad, el poder de la izquierda es hoy más potencial que real y, sobre

178

todo, descansa en una incógnita: la capacidad de AMLO y de la Convención Nacional Democrática para sostener una campaña permanente de agitación y propaganda, que no sólo desgaste al panismo en el poder, sino ensanche y fortalezca la base social de sus futuras acciones electorales.

El desarrollo político mexicano podría llevar a consolidar una democracia política de derecha, aunque también podría tomar forma una alternativa: un movimiento social de izquierda. La incertidumbre es hoy el rasgo más acusado del proceso político mexicano. Ningún análisis sobre el tema puede hacer predicciones sólidas, apenas consideraciones más o menos informadas. Entre las rutas que podría seguir nuestro desarrollo político está, obviamente, la consolidación de una democracia política limitada, según la concibe la derecha, pero también podría tomar forma un movimiento social de izquierda que frustre tal consolidación. Este último camino ya se ha intentado aunque sin buen resultado, pero hay una cierta posibilidad de éxito.

Un reporte conjunto de las agencias de inteligencia que existen en Estados Unidos llegó a la siguiente conclusión: "la guerra de Iraq ha hecho que el problema del [combate al] terrorismo se haya complicado más". Y es que la invasión de un país islámico por la única superpotencia, Estados Unidos, partió del supuesto de que el poder de Washington aplastaría de un gran golpe a la Jihad proclamada por los fundamentalistas islámicos. Sin embargo, el resultado ha sido el opuesto: la invasión ha expandido en el mundo árabe el apoyo desde abajo a ese tipo de lucha contra Occidente.[2]

Pues bien, algo parecido al resultado imprevisto en Iraq pudiera ocurrir en México con la política diseñada por la gran coalición conservadora para impedir que en 2006 se produjera

179

una alternancia a la izquierda. Llevó a cabo su tarea empleando medios legales e ilegales, como lo tuvo que admitir el Tribunal Electoral del Poder Judicial de la Federación, aunque
sin hacer nada al respecto. Se trató no sólo de retener la Presidencia, sino también de poner los cimientos para que la derecha
se quede al frente de las instituciones públicas por los siguientes 20 o 30 años, como lo reconoció Ramón Muñoz —hasta
hace muy poco el "segundo de a bordo" en Los Pinos como
jefe de la Oficina de Innovación Gubernamental y hoy miembro de la bancada del PAN en el Congreso— ante Porfirio Muñoz Ledo.[3] Y si bien algo muy parecido pronosticó hace una
docena de años Ángel Gurría con relación al grupo salinista y no
resultó, tal vez Muñoz y los suyos sí consigan lo que se proponen. Sin embargo, también existe la posibilidad contraria.

La forma como se impuso la gran coalición de derecha
y la negativa a limpiar la elección volviendo a contar todos los
votos —una posibilidad no contemplada por la ley si no se im-
pugnan formalmente cada una de las casillas— ha agraviado a
una parte importante de la sociedad mexicana que, si se le dan
los argumentos adecuados, quizá apoye el llamado de un AMLO
itinerante que en los años por venir se propone hacer una política diferente de la puramente electoral y parlamentaria.

El último gran discurso político en México hecho desde
el poder —el de Carlos Salinas— resultó un gran engaño, pero
no se puede negar su importancia y pretensión. Sin abjurar de
la Revolución mexicana, Salinas remplazó a la gesta de 1910
por un concepto empleado en la elaboración de la visión más
progresista que tuvieron los liberales del siglo XIX —la de Pon-
ciano Arriaga— y que fue el "liberalismo social". Ese término
permitió a Salinas y a sus tecnócratas elaborar un discurso que
mantuvo las propuestas de justicia social y responsabilidad del

180

Estado para con los más pobres —ideas que en México venían de muy atrás— y cuya contraparte material fue el Pronasol. A la vez, ese liberalismo bautizado como *social* le permitió a Salinas justificar su adhesión a los principios del "Consenso de Washington": apertura y predominio del mercado, privatización, austeridad fiscal y el Tratado de Libre Comercio con Estados Unidos.[4] Ernesto Zedillo ya no se ocupó del discurso, sino de preparar la entrega del poder al PAN, pues el PRI ya no tenía forma de seguir monopolizándolo.

La oferta de AMLO parte de un diagnóstico avalado por todas las estadísticas y análisis disponibles desde, al menos, la época colonial: la mexicana ha sido y sigue siendo una sociedad cuya estructura de poder ha mantenido una explotación sistemática, a veces brutal, de las mayorías por una minoría que ha corrompido y manipulado en su favor cada uno de los arreglos institucionales que han surgido a lo largo de la historia del país.

La necesidad de poner el problema de la pobreza en el primer lugar de la agenda nacional está dictada por la historia y el sentido de la justicia y la dignidad. Para hacer efectivo el "primero los pobres" ya no es suficiente una nueva edición de Pronasol, Progresa u Oportunidades. Una política social compensatoria es importante pero lo fundamental es la solución estructural; es decir, usar la política económica para crear empleo y, sobre todo, hacer lo que hasta hoy se ha soslayado: dar forma a un sistema educativo de calidad que impida que México siga reprobando en la evaluación internacional de la materia. Finalmente, lo que queda de nuestros recursos naturales estratégicos y no renovables —los hidrocarburos— no debe ir a parar al sector privado y menos al extranjero, sino permanecer como propiedad pública y ser fuente de renta para que

181

el Estado lleve a cabo la gran política social y económica que se requiere.

Para que este proyecto no termine en fracaso y corrupción, como le ha sucedido a todos los de los dos últimos siglos, es indispensable transformar el entramado político y legal por el que hoy transcurre el desanimado y contradictorio desarrollo mexicano. El cambio institucional en México es una empresa en extremo difícil, pero que se puede intentar por varias vías, una de ellas es a través de un movimiento social. Ese movimiento debe ser un intento colectivo, idealmente mayoritario, por darle expresión política a las exigencias de los que están en el fondo —y que son el sostén— de nuestra inaceptable pirámide social. Se trataría de estimular y canalizar la única energía que puede transformar el marco en que se desenvuelve la vida colectiva y poner la política social como la meta cardinal del conjunto de las acciones públicas.

Articular un discurso que contenga los elementos señalados no es fácil de refutar porque es una propuesta cargada de legitimidad. Sin embargo, las estructuras de los intereses creados y la mentalidad de la clase política en el poder están en contra de hacer realidad ese tipo de propuesta. En las condiciones actuales, ¿podrán AMLO, la "Convención Nacional Democrática" y el "Frente Amplio Progresista" —donde, para empezar, hay tantos personajes con biografías contrarias a la meta propuesta— generar y mantener vivo el entusiasmo y el compromiso que la empresa demanda? Nadie puede responder satisfactoriamente a la interrogante, pero al menos hay un líder y una base social para intentarlo.

Sin duda, la transición mexicana ya no fue de terciopelo, pero la consolidación pacífica de la democracia aún es una meta digna de perseguir. Hoy el signo político de México es

182

el choque de proyectos y el intento de cambio por la vía de la movilización social extensiva e intensiva. En tales condiciones, el reto colectivo ya no es evitar la discordancia, sino reformar las instituciones y la naturaleza misma de la sociedad. Sólo así aseguraremos una vía pacífica de desarrollo.

CONFRONTANDO PASADO, PRESENTE Y FUTURO

Desde el punto de vista de los procesos políticos y sociales mexicanos, hay una variedad de criterios para distinguir el fin de un periodo histórico y el inicio de otro. Eligiendo este criterio para entender el desarrollo mexicano, el político, resulta que los últimos cinco siglos se pueden dividir en tres grandes épocas. A partir de dicha división hay que determinar si en la actualidad estamos inmersos en uno de estos grandes cambios o simplemente vivimos la continuidad, las inercias, de una que se inició hace mucho tiempo.

La unidad política de lo que hoy es México no está dada por los procesos anteriores al siglo XVI, sino por lo ocurrido a partir de entonces. Fue la conquista europea la que creó una serie de estructuras administrativas, económicas y culturales que poco a poco irían otorgándole unidad a la Nueva España, un espacio territorial que hasta ese momento se encontraba políticamente fragmentado. Mesoamérica podía tener antes de 1521 un centro político en el imperio azteca, pero éste no controlaba toda esa región y, desde luego, tenía poco o nada que ver con lo que hoy es nuestro norte, con Aridoamérica.

A grandes rasgos se puede afirmar que la Nueva España, en tanto que estructura colonial de explotación fue, para Es-

184

paña, todo un éxito. Esa experiencia contrasta, por ejemplo, con la de Haití —un caso extremo—, donde Francia pretendió crear otra colonia de explotación, pero que muy rápidamente falló, pues la rebelión de los esclavos concluyó en la derrota total de los propietarios y de un ejército francés. Sin embargo, la independencia de Haití fue la de una sociedad sin ningún tipo de vertebración que le diera coherencia, pues el grueso de sus miembros no había nacido en la isla y ni siquiera compartían un origen africano común.

La Nueva Inglaterra, para tener otro punto de referencia, fue una colonia o serie de colonias británicas exitosas, y como no fueron de explotación, sino de asentamiento, su éxito pudo ser trasladado fácilmente a la época independiente, situación muy diferente a la de México cuando le llegó el turno de confrontar el complejísimo problema de transformar una colonia en un Estado nacional.

Los siglos que van de la conquista de Tenochtitlán a la declaración de Independencia en 1821 pueden verse como un periodo histórico. En su inicio, la sangre corrió a raudales, pero, al final, el conquistador se impuso y no enfrentó ningún levantamiento general de los dominados.

En la larga pax hispánica, el cambio social fue lento pero constante. México, de ser una sociedad conformada por un puñado de europeos y una enorme masa de indígenas, terminó por ser, al final del siglo XVIII, otra donde los españoles se mantuvieron como auténtica minoría (0.2% de la población) pero entre ellos y los indios (61%) aparecieron los criollos (18%) y una tercera masa: los mestizos (11%).

La segunda gran era política se inició con una guerra de independencia que, finalmente, perdieron los insurgentes, pero no antes de protagonizar una brutal lucha de clases y cas-

185

tas. La heterogénea estructura social y la memoria de la lucha resultaron una mala combinación para el primer intento de dar forma a un Estado nacional mexicano. El primer imperio fue un fracaso estrepitoso y el segundo, tres decenios más tarde, resultó un experimento más sangriento. Entre ambos imperios, México vivió una república enmarcada por varias constituciones y leyes fundamentales que en casi nada reflejaron la realidad —suponían, por ejemplo, la existencia de ciudadanos y no la de los indígenas en cuanto miembros de comunidades con raíces centenarias— y sí contribuyeron, en cambio, a fomentar la polarización de las elites —liberales y conservadores— y a una larga cadena de golpes, rebeliones y auténticas guerras civiles salteadas con bandidaje.

Esta segunda etapa se caracterizó por una dispersión del poder, un gobierno central sin finanzas sanas, con autoridades tan impotentes como incompetentes, incapaces de cumplir con una de sus tareas básicas: la defensa del territorio frente a la ambición de una sociedad vecina —la estadunidense— que sí logró dar el paso de una colonia exitosa a Estado nacional triunfante.

De 1821 a la República restaurada (1867), México, en tanto estructura social, cambió poco. Los españoles perdieron su carácter dirigente, pero se mantuvieron dentro de una elite ampliada por un puñado de estadunidenses y europeos más los propietarios criollos y algunos políticos mestizos. El 81% de la población —los mestizos y, sobre todo, los indígenas—, sigue viviendo como elementos marginados. El México donde se fusiló a Maximiliano era un Estado fallido pero que, a partir de entonces, cerró una era para intentar, por segunda vez, dar forma a uno viable.

Los gobiernos de Juárez y Díaz iniciaron una tercera gran

186

etapa política al lograr sentar las bases de un Estado nacional. Dominaron a la Iglesia, pacificaron y comunicaron al país, crearon un mercado interno y alejaron a México de la posibilidad de volver a ser objeto de colonización. Sin embargo, en 1910 la imposibilidad de diseñar los mecanismos que permitieran la sucesión pacífica del poder produjo la chispa que detonó una insurrección que concluiría en una revolución social. Al final, la Revolución rehizo la estructura política, pero sin modificar su naturaleza autoritaria.

El liberalismo de Juárez y Díaz se dijo democrático pero nunca lo fue ni podía serlo; fue un sistema oligárquico que giró alrededor de la personalidad de los dos líderes oaxaqueños. Al principiar el siglo XX, la Revolución no puso fin al autoritarismo, sino que amplió su base social con los beneficiados por la reforma agraria y la política obrera y, aprovechando el asesinato de Obregón —el último caudillo militar—, independizó al régimen de las personalidades y lo asentó en una presidencia fuerte pero sin reelección y en un gran partido de Estado.

Desde la perspectiva esbozada, la República restaurada, el Porfiriato, la Revolución y la posrevolución no son más que los cuatro eslabones de una misma cadena histórica autoritaria. Por tanto, la gran pregunta para el presente es ésta: ¿este gran ciclo histórico ya se cerró o simplemente seguiremos extendiendo los eslabones de la cadena?

La Revolución mexicana significó la sustitución de la dictadura liberal encabezada por Porfirio Díaz por uno de los autoritarismos más exitosos del siglo XX. Ese sistema se mantuvo desde la presidencia de Venustiano Carranza hasta la de Ernesto Zedillo. Tras su plena consolidación durante la segunda guerra mundial, el régimen mexicano respondió casi al pie

187

de la letra a las características con que el politólogo español Juan Linz definió una estructura política autoritaria. Ese tipo de estructura se sostienen con cuatro pilares. El primero es la institucionalización de un pluralismo político limitado. El juego político existe, pero dentro de límites estrictos. No se tolera la actividad de ningún actor político que no haya recibido la aceptación previa, explícita o implícita, de quienes controlan el aparato gubernamental (en 1940, por ejemplo, se toleró al PAN, pero no al partido de Juan Andrew Almazán, el PRUN; en los sesenta se toleró al PP de Lombardo Toledano, pero no al Partido Comunista, etcétera).

El segundo pilar es la ausencia de una verdadera ideología, misma que resulta indispensable para interpretar al mundo tanto en las democracias como en los totalitarismos, pero no en el autoritarismo, donde se convierte en un estorbo y por eso en estos sistemas apenas si se dispone de una mentalidad. La no-ideología les permite ir por donde sople el viento de la época: por la izquierda, por la derecha o, con mayor frecuencia, por el centro.

El tercer sostén es la ausencia de movilizaciones políticas. El autoritarismo funciona mejor cuando la política es un coto restringido a los "profesionales" y está en peligro mortal cuando ocurren movilizaciones independientes como la protagonizada por los estudiantes en 1968; no fueron una aberración las masacres ordenas entonces por Gustavo Díaz Ordaz y Luis Echeverría, sino un imperativo del sistema.

Finalmente, el cuarto pilar autoritario es un ejercicio del poder dentro de un marco legal poco claro y donde las verdaderas "reglas del juego" no están escritas pero son más o menos conocidas y aceptadas —de agrado o por fuerza— por todos los actores políticos.[1]

188

El pasado inmediato mexicano —ese dominado por la sombra del PRI— no sólo es indeseable sino ya inviable. Las condiciones históricas que originaron y que mantuvieron a lo largo de casi todo el siglo XX a la "dictadura perfecta", ya no existen. Pero si el pasado ya no puede repetirse, el futuro democrático tampoco está asegurado. Al iniciarse el siglo XXI los mexicanos estamos en algún punto intermedio entre el pasado y el futuro abandonado, pero ése no es un "justo medio", pues se trata de una situación que no promete ni estabilidad ni legitimidad.

Los factores históricos que permitieron que en México se entronizara y se estabilizara por decenios un autoritarismo exitoso —uno que echó mano más de la negociación y la cooptación que de la represión—, fueron básicamente los siguientes: una guerra civil que entre 1910 y 1929 puso fuera de combate a todos los adversarios del grupo Carranza-Obregón-Calles. Una sociedad agraria muy agraviada que dio su lealtad a quien le entregara la tierra. La creación, en 1929, de un gran partido de Estado que absorbió a la multitud de organizaciones hasta entonces existentes. El establecimiento, en 1935, de una presidencia fuerte, sin contrapesos pero sin reelección. La incorporación entre 1935 y 1940 de las masas corporativizadas al partido de Estado. Finalmente, la salida formal del ejército de la estructura del partido, en 1940.

A partir de Gustavo Díaz Ordaz, todos los gobiernos del viejo régimen concluyeron con algún tipo de crisis. El punto de partida fue un tropiezo político tan mayúsculo como trágico: el 68. En los cuatro gobiernos siguientes el desastre final fue de orden económico, pero mezclado con un alto contenido político. Este ciclo catastrófico terminó con un big bang en el 2000, cuando el viejo régimen autoritario se consumió

189

y dejó su lugar a la opción democrática. Se confió entonces que cuando ocurriera la nueva transmisión del mando, el cambio de régimen impediría un nuevo final desastroso. Esta vez la crisis fue diferente porque se coció a fuego lento, pero eso no es consuelo para nadie.

Y es que tras el desvío de la ruta democrática, se abre la posibilidad de intentar un retorno a alguna variante del autoritarismo. Sin embargo, sólo un irresponsable puede suponer que tal intento pudiera replicar el éxito obtenido el siglo pasado. Para empezar, es imposible recrear una Presidencia todopoderosa con base social amplia que pueda decidir quién puede ser aceptado como actor político válido y quién no. Además, la sociedad mexicana ya empezó a vivir y asimilar el pluralismo político real y sólo la violencia extrema la podría regresar a la situación anterior. El mundo sin ideología ya no es posible; de los tres grandes partidos, el PAN y el PRD se justifican y promueven sus plataformas auxiliados por una referencia constante a la ideología; únicamente el PRI se mueve en el viejo mundo del oportunismo total.

¿Cómo plantear entonces el futuro? De seguir en la dirección marcada por el cambio de gobierno en el 2006, se trataría de uno indeseable: una sociedad polarizada sometida a un peligroso estira y afloja entre el pasado autoritario y la promesa democrática abandonada. Lo deseable es lograr el abandono de cualquier proyecto de continuar con la actual democracia tramposa, limitada y oligárquica para retornar a la única vía legítima y menos insegura: a la democracia prometida, pero desvirtuada por la mezquindad y la cortedad de miras y de espíritu del grupo en el poder y de los grandes intereses creados en que se apoya.

En cualquier sociedad, la acción política normal pareciera ser, y generalmente lo es, un asunto que sólo concierne a las elites. Las más de las veces, las mayorías parecieran ser —y de hecho son— meros objetos de fuerzas cuya naturaleza real ignoran. Incluso cuando la ciudadanía acude a las urnas, su capacidad para actuar en función de sus propios intereses es limitada, pues las condiciones en que vota son moldeadas por las acciones e intereses de las minorías.

Lo que está ocurriendo hoy en México no puede caracterizarse como "política normal" debido a que un sector de las capas populares que, sin ser mayoría, es muy numeroso, se ha politizado muy rápidamente, se resiste a volver a las márgenes del sistema de poder y está desafiando, pacífica pero consistentemente, un orden que todos los indicadores disponibles de distribución del ingreso, de desarrollo humano y el propio sentido común muestran que redunda en un beneficio exagerado e ilegítimo de los pocos en detrimento de los muchos.

La pasada campaña electoral se desarrolló en un terreno donde el presidente y otros actores impidieron el "juego limpio". Para empezar, en el 2003, las dos fuerzas dominantes en el congreso federal —el PRI y el PAN— decidieron dar forma a una directiva del Instituto Federal Electoral (IFE) "a modo". En efecto, de los nueve consejeros encargados de dirigir a la institución, cuatro lo fueron a propuesta del PAN y cinco del PRI, incluido el consejero presidente. Poco importó a los diseñadores de ese consejo —entre ellos y notablemente, Elba Esther Gordillo— la marginación del PRD de ese proceso, tampoco importó que la experiencia en materia electoral de algunos consejeros fuera nula, que su cercanía con las cúpulas de los partidos que les propusieron fuera mucha e, incluso, que uno de ellos no tuviera el grado universitario exigido por la ley.

Pero más que la naturaleza de la directiva de la institu-

191

ción electoral, fue la naturaleza de la acción de la Presidencia de la República la que hizo del terreno electoral de 2006 un campo impropio para una lucha cívica donde pudiera prevalecer el espíritu de tolerancia, de respeto por el otro y de negociación. El primer paso fue echar a andar, desde Los Pinos, el proyecto de hacer de la esposa del presidente la candidata presidencial "natural". La idea de una Eva Perón mexicana requería eliminar al único rival desde entonces muy peligroso: el jefe de gobierno del DF, Andrés Manuel López Obrador. Fue así que la Presidencia puso en marcha, con el apoyo de los dos mismos partidos que habían dado forma a un IFE bajo sospecha, un plan que debía concluir en la neutralización de la candidatura de AMLO por la vía de su desafuero.

Pasadas las elecciones, en una reunión académica, un panista explicó que su partido había decidido usar la campaña electoral para subrayar sus diferencias con la izquierda. Ahora bien, según él, una vez terminada la campaña —y asegurado la victoria— todo debía dar un giro de 180 grados, dejar de lado las diferencias y buscar puntos de acuerdo y retornar a la normalidad. En la realidad, la estrategia panista de "subrayar diferencias" significó elaborar una campaña de medios para crear una atmósfera de miedo y descalificar a la izquierda sustentando un diagnóstico terminal: AMLO era, ni más ni menos, que el equivalente mexicano de Hugo Chávez, el presidente de Venezuela, para concluir que por eso era un "peligro para México".

El evidente esfuerzo de la derecha, llevado a cabo desde dentro y fuera del gobierno, por cerrar la posibilidad de una alternancia derecha-izquierda que por un buen tiempo prefiguraron las encuestas, ha terminado por llevar a esa izquierda a recelar del camino electoral y a empujarla a organizarse ya no en función de las urnas, sino de una confrontación abierta, sistemática, permanente, con la derecha. Así, la supuesta conclusión de un "proceso electoral ejemplar" ha desembocado en una izquierda con base social, pero recelosa del entramado institucional y que prefiere apostar por la movilización social.

Las movilizaciones políticas exitosas se iniciaron con el neopanismo y el neocardenismo y siguieron en el decenio posterior con el neozapatismo. Después del 2000 ese tipo de política echó raíces, como lo muestran los casos de Atenco, de las movilizaciones contra el desafuero y, últimamente, la gran movilización de la APPO en Oaxaca. También el proyecto del candidato derrotado en 2006, Andrés Manuel López Obrador, consistía en intentar mantener una movilización política indefinida a lo largo del país. Finalmente, el marco jurídico imperante, aunque herencia del antiguo régimen, se ha convertido en un obstáculo para un posible retorno a las "reglas no escritas" del juego político autoritario.

Posiblemente el PAN supuso que el tiempo de los "contrastes" duros abarcaría sólo el tiempo de la campañas. Sin embargo, la izquierda está aprendiendo de sus adversarios y ha diseñando su propia política de "contraste" duro, con la diferencia que esta vez se trataría de un contraste permanente. En fin, la izquierda puede llegar a tener masas entusiasmadas con la idea de llevar la democracia del plano electoral al social, situación que no se había dado desde ese lejano tiempo en que nació el PAN, justo como reacción a la política de masas del cardenismo.

En química, cuando se decide transformar dos o más sustancias mediante una reacción, se procede a desatar un proceso que da por resultado algo que se conoce como "com-

193

plejo activado", cuya naturaleza es altamente inestable y que, de no contar con la energía necesaria para llevar hasta su conclusión el proceso deseado, éste no se sostiene por mucho tiempo, sino que sus componentes tienden a regresar a su estado original.

Algo similar a lo que pasa en el interior de un complejo activado puede ocurrir en las transiciones políticas a la democracia pues, una vez detonado el proceso de conversión, éste debe contar con la energía política y social necesarias para no detenerse antes de lograr plenamente su meta: la consolidación de la nueva forma política. Si esta transformación pierde fuerza y se estaciona en algún punto intermedio, la consecuencia es una situación altamente inestable con tendencias regresivas al estado original, al autoritarismo.

En el caso mexicano, el actual proceso de transformación política se inició hace decenios pero se aceleró con los triunfos electorales de la oposición en 1997 y, sobre todo, en el 2000, que acabaron con el añejo presidencialismo autoritario del PRI. Sin embargo, la deficiente conducción del siguiente gran proceso electoral, el de 2006, impidió mantener la firmeza y, sobre todo, el rumbo del cambio.

Es verdad que hoy el viejo autoritarismo priísta ya no existe pero también es verdad que tampoco existe una democracia de calidad, ni, mucho menos, consolidada. Lo que tenemos es algo aún indeterminado, que si bien contiene elementos de la promesa democrática también mantiene vigentes muchos elementos y prácticas del antiguo régimen. El resultado es un complejo altamente inestable, como se ha visto con los conflictos y polarización que resultaron del último proceso electoral.

El primero de diciembre pasado, un comentarista británico, examinando la triste escena mexicana, formuló un juicio

194

lapidario: el nuestro es un país que sistemáticamente *underperforms*, es decir, que arroja resultados por debajo de sus posibilidades. La crítica es dura pero no inexacta, y se puede aplicar lo mismo al presente que al pasado. A partir del 2000, dentro y fuera de México se dio por sentado que de ahí en adelante se usaría a la alternancia para dar consistencia al nuevo régimen y que el grueso de la energía se dirigiría no a neutralizar a la oposición de izquierda, sino a reconstruir las estructuras económicas, legales, sociales y culturales, todas hechura del viejo y deslegitimado régimen priísta. Sin embargo, no fue el caso.

En el año 2000 no fue la izquierda, sino el panismo el que logró derribar la última muralla que defendía el corazón del sistema autoritario más longevo del siglo XX. Por eso fue el panismo el que asumió la responsabilidad de iniciar el proceso de consolidación democrática. Pocos supusieron entonces que el nuevo liderazgo no iba a cumplir a cabalidad con su cometido histórico, y que antepondría sus intereses de partido y de clase a su obligación moral de afianzar las bases de un cambio sólido.

Desde su independencia, México ha desaprovechado muchas oportunidades. En 2006, de haber habido voluntad, honestidad e inteligencia se hubiera podido avanzar hasta casi consolidar la democracia, pero, al final, sucedió otra cosa.

Y es que en buena medida, en México se ha seguido a fondo la famosa máxima del príncipe de Salina, el personaje de la novela *El gatopardo* de Giuseppe Tomasi di Lampedusa, que en la Italia garibaldina concluyó: "Es necesario que todo cambie para que todo permanezca igual".

195

EL ENTORNO EXTERNO

EL NORTE, SIEMPRE EL NORTE

Al norte pero sin rumbo

Ha corrido mucha agua bajo el puente de la relación México-EU desde que la Comisión sobre el Futuro de las Relaciones México-Estados Unidos (COFURME) se planteó el examen global de la agenda entre los dos países, pero los cinco grandes temas planteados hace casi dos decenios —cultura, economía, migración, narcotráfico y política exterior— siguen sin encontrar solución. Entre la variedad de cosas que nos hacen falta como país hay una que en la vida cotidiana de muchos podría parecer secundaria pero que, en realidad, es muy relevante, pues directa o indirectamente nos afecta a todos: discutir y llegar a conclusiones en torno a la naturaleza del proyecto mexicano frente a la superpotencia que el destino nos dio como vecino: Estados Unidos. Esto, junto con otro puñado de asuntos —la falta de dinamismo de la economía, la destrucción del medio ambiente y la polarización regional y social (ninguno de ellos ajeno a la relación México-Estados Unidos)— debería de ser el núcleo de la discusión.

Un buen punto de arranque en torno a la naturaleza de la relación con Estados Unidos pueden ser los documentos que publicó en seis volúmenes hace casi dos décadas la COFURME, una organización no gubernamental, binacional, constituida por "ciudadanos destacados" de los dos países en 1986 —sus co-presidentes fueron Rosario Green y el profesor Peter Smith—, que con el apoyo de la Fundación Ford y al margen de sus respectivos gobiernos, pero con el conocimiento y consenti-miento de ambos, se embarcaron en un proyecto de carácter político-académico tan ambicioso como necesario entonces y ahora: elaborar un diagnóstico del estado que guardaba la de-sigual y compleja relación entre los dos países; proponer los caminos a seguir para resolver o manejar mejor la problemá-tica común y así sacar el mayor beneficio de su multiplicidad de relaciones.

Las áreas seleccionadas fueron: cultura, economía, mi-gración, narcotráfico y política exterior. El resultado fueron 48 trabajos de especialistas, presentados y discutidos en una docena de talleres que, finalmente, se recogieron en 1988 en cinco libros que sirvieron para elaborar un sexto con la visión general.

Teniendo en mente las posibilidades que abría el calen-dario electoral en 1988 tanto en México como en Estados Uni-dos —sendas elecciones presidenciales en ambos países—, la COFURME se propuso, primero, llevar a cabo una serie de reu-niones destinadas a identificar los puntos más importantes en la agenda bilateral, para luego encomendar a especialistas la elaboración de monografías que, finalmente, sirvieran de base para un informe que resumiera los hallazgos y los pusiera "a la consideración de los presidentes electos de ambas naciones".

El ejercicio de la COFURME tuvo un valor académico que aún perdura. Su valor práctico, su pretensión de influir en los responsables de tomar las decisiones que darían forma a la re-lación bilateral del futuro, es más difícil de calibrar, pues nadie puede decir con certeza hasta qué punto las administraciones de los presidentes George Bush y Carlos Salinas usaron estas ideas para elaborar sus respectivas políticas, pero no hay duda de que la elite política, al menos la mexicana, sí tuvo conocimiento de ellas.

El núcleo del esfuerzo intelectual de esta comisión fue claro: para enfrentar de la mejor manera la pluralidad de problemas derivados de una relación tan peculiar como la que mantienen desde hace casi dos siglos México y Estados Unidos —en ningún otro lugar del planeta es más evidente la asimetría de poder entre dos naciones que comparten frontera— es necesario dar un enfoque bilateral al examen de las coincidencias y contradicciones de intereses. La pretensión de buscar respuestas unilaterales a los problemas, incluso por parte del más fuerte, no conduce a la mejor solución posible para cada una de las partes.

Hace veinte años, en el aspecto económico, la nota dominante y urgente de solución en México era el problema de su deuda externa. Apenas se estaba haciendo evidente que la crisis de insolvencia que había estallado en 1982 no era un asunto pasajero, sino el lastimoso final de un modelo de desarrollo basado en la protección y el activismo estatal. Hoy, la deuda externa mexicana es un asunto manejable, pero el país sigue sin dar con la verdadera solución al problema desatado en 1982. La COFURME no imaginó la posibilidad de una integración económica entre México y Estados Unidos, misma que se institucionalizó tras la firma del Tratado de Libre Comercio de América del Norte (TLCAN) en 1993. Pese a lo audaz, el tratado no desembocó, como suponían sus arquitectos, en la reanudación del proceso mexicano de crecimiento y desarrollo económico, esencial para el país. Al contrario, hay quien sos-

201

tiene que el TLCAN, tal y como se concibió, no puede ser la palanca de desarrollo que se prometió y que, en cambio, sí ha dado como resultado indeseado una mayor desigualdad regional en México.

El total del comercio entre México y Estados Unidos, que en 1994 era de 106 mil millones de dólares, para 2004 ascendía ya a 275 mil millones, es decir, 159% más. A raíz del TLCAN también aumentó de manera consistente la inversión directa estadunidense en México y en el 2004 alcanzó la cifra acumulada de 90 mil millones de dólares, es decir, 18.4 veces el valor que había tenido diez años atrás. Sin embargo, el crecimiento del PIB mexicano en ese mismo periodo fue de 2.9% anual, en promedio, lo que, en términos per cápita, se redujo a 1.6%, en el mejor de los casos. En suma, este crecimiento no corresponde a la sorprendente intensidad de la relación económica con Estados Unidos.

Actualmente, no hay cuestión social más aguda que la falta de dinamismo económico, cuyo estancamiento relativo ya se ha prolongado por varios sexenios. Pero solucionar este problema no es un asunto que afecte sólo a México, pues tener una economía viable y dinámica al sur del río Bravo sería un gran refuerzo a la estabilidad de la frontera —interés fundamental de Estados Unidos— y atacaría la raíz del irritante problema de la migración.

En los años ochenta del siglo pasado el fenómeno del ingreso no documentado de mexicanos a Estados Unidos, no era sólo una dificultad económica, sino también política, social y cultural. Desde entonces se reconoció que la tácita expulsión de trabajadores en México estaba ligada al factor de atracción en Estados Unidos, y que requería de una solución bilateral que implicaba, entre otras cosas, conseguir un crecimiento económico sostenido en las zonas de expulsión en México. Es evidente que nuestro país no ha logrado crear empleos formales y aceptablemente remunerados a la velocidad que lo demanda su crecimiento demográfico (que si bien ha disminuido, aún requiere de la creación de más de 1.3 millones de puestos de trabajo anuales), al punto que hoy alrededor de 17% de la fuerza de trabajo mexicana se encuentra en Estados Unidos, aunque una parte importante en calidad de indocumentada —al menos 5 millones— y, por tanto, en condiciones que deben de ser vistas como inaceptables por los dos países.[1]

Por otra parte, el tema del narcotráfico era prioritario en la agenda política estadunidense desde 1986. El debate se centraba entonces en llevar a Estados Unidos a reconocer las dos caras de la moneda: por un lado la oferta de drogas que se producían en México y los emprendedores que usaban al país como paso al mercado del norte, y por el otro, la golosa demanda de drogas en Estados Unidos. En la actualidad ya está aceptada la doble naturaleza del problema, pero se sigue sin encontrar una solución viable.

La violencia ligada al narcotráfico ha rebasado la capacidad del gobierno mexicano para controlarla, y el consumo de drogas ya no es sólo un fenómeno estadunidense, sino que se extiende cada vez más en el ámbito nacional, lo que contribuye a la persistencia de un alto grado de inseguridad y corrupción en la vida administrativa y política mexicana.

Por lo que se refiere al área de la política exterior, en 1986 se vivían los últimos momentos de la guerra fría. En 1986 aún estaban vivos los desacuerdos en las políticas de México y Estados Unidos frente a Cuba y Centroamérica. Ese desacuerdo, se dijo entonces, era imposible de evitar, pero se

203

debía administrar e impedir que desembocara en un choque directo. En la actualidad, la guerra fría ya es historia, Estados Unidos es hoy la única superpotencia, pero ya ha entablado una nueva guerra global, esta vez contra el terrorismo, y hay nuevos desacuerdos, como se vio en 2003, cuando afloraron las diferencias entre México y Estados Unidos en el Consejo de Seguridad de la ONU, a raíz de la acción que Bush tomaría contra Iraq y que el gobierno foxista encontró inaceptable por su carácter unilateral.

Por lo que se refiere al área cultural —un universo enorme y complejo— la COFURME se centró en un tema muy concreto: los estereotipos que imperan en cada una de las dos sociedades y cómo limar sus peores aspectos. Hoy, los estereotipos persisten y el de los mexicanos en Estados Unidos se ha agudizado, al punto de que el influyente profesor de Harvard Samuel P. Huntington ha definido como peligro mortal para los valores estadunidenses el crecimiento de la minoría "hispana", donde los mexicanos son dominantes.

En la coyuntura actual es indispensable tener claras las líneas generales de los proyectos de cada país y de su implicación respecto del otro. Sobre todo, hay que esforzarse por lograr el mejor resultado posible de sus coincidencias y un manejo respetuoso e imaginativo de sus varias e inevitables diferencias.

Por ahora, la corrupción e ineficiencia gubernamentales son dos grandes talones de Aquiles de la vida pública mexicana, dos puntos de vulnerabilidad que restan legitimidad a nuestra posición internacional. Para México, cuya relación externa fundamental es la que mantiene con su poderoso vecino del norte, su mejor instrumento de defensa frente al exterior, por no decir el único, está en lo interno. Cualquier otro es accesorio. Frente a la avasalladora importancia del "factor estadunidense" en la agenda externa mexicana, es imposible que nuestro país pueda salvaguardar con éxito su interés nacional echando mano de medios que, en teoría, suelen ser útiles al grueso de los Estados en su navegar por el impredecible mar de lo internacional, tales como los amagos militares, las presiones económicas, la propaganda y el resto del arsenal que históricamente ha sido empleado por otros países en el juego internacional de la política del poder.

Lo que le ocurre a México en el ámbito internacional no es algo excepcional, pero por su grado o intensidad no hay muchos casos similares. En otras partes del planeta hay países débiles compartiendo fronteras con otros más fuertes, pero en pocos casos, si es que en alguno, la asimetría es tan grande como la que existe entre México y Estados Unidos. Y no se trata únicamente de que el producto per cápita estadunidense sea varias veces mayor que el mexicano, sino que hay que agregar otros indicadores. Así, mientras que 86% del comercio exterior de México tiene como origen o como destino a Estados Unidos, para este último ese intercambio sólo representa 12% del que mantiene con el resto del mundo. Pero eso no es todo, pues en el contexto general de su economía, la suma de las exportaciones e importaciones globales de nuestro vecino del norte equivale a 25% de su PIB, en tanto que para México la proporción es el doble. Así, los estadunidenses pueden permitirse ese lujo que nosotros perdimos hace tiempo: que su principal mercado sea el interno, lo que los hace menos vulnerables a cambios en el mercado externo.

Desde luego que ni caso tiene abordar las diferencias militares, donde lo sustancial no es que los efectivos estadunidenses sean siete veces superiores a los de México, sino que hay una superioridad abismal en la brecha tecnológica entre una potencia atómica que puede desplazar a su fuerza armada a cualquier parte del planeta en cuestión de horas y un país como el nuestro, donde el ejército sólo puede moverse a trancos de acémila, y no sin dificultades, dentro de sus propias fronteras.

Desde la segunda mitad del siglo XIX quedó claro que, a causa de la vecindad con Estados Unidos, la soberanía mexicana estaba restringida. Obviamente, los dirigentes de nuestro país no admitieron, ni entonces ni ahora, ese hecho, pero la realidad es contundente. Tras la guerra civil del siglo XIX, los intereses texanos consideraron que la falta de control al sur del río Bravo estaba afectando la actividad ganadera, y no titubearon en violar una y otra vez la frontera con México y, además, lograron que Washington autorizara al ejército para apoyarles en la persecución de cuatreros en territorio mexicano. Las protestas del sur sirvieron de muy poco, y sólo cuando el presidente Porfirio Díaz logró imponer el orden central en Tamaulipas y Coahuila, los estadunidenses volvieron a respetar la frontera.

Después de la guerra de Reforma y de la intervención francesa, la Revolución mexicana ha sido el peor momento de desorden en México. Entre los múltiples efectos de esa ingobernabilidad en la relación con Estados Unidos están dos invasiones parciales —las de 1914 y 1916— e infinidad de reclamaciones y presiones.

Con la relativa pacificación de los veinte y el establecimiento de un nuevo régimen, la estabilidad política empezó a ganar espacios en México hasta quedar asentada durante el cardenismo, gracias a un sistema basado en una presidencia sin contrapesos y un partido de Estado, y a que ambas instituciones quedaron montadas sobre un ejército leal y una estructura corporativa de campesinos y trabajadores, burócratas y clase media, que resultó un eficaz cimiento social para un régimen autoritario pero incluyente, y que hizo del nacionalismo una parte sustantiva de su ideología.

Durante la segunda guerra mundial y los decenios posteriores en que se desarrolló la guerra fría, los dirigentes estadunidenses difícilmente hubieran podido tener una situación política mejor en la frontera sur que la creada por el régimen priísta. Como ningún otro latinoamericano o del Tercer Mundo, el sistema político posrevolucionario mexicano construyó y mantuvo lo más importante para el interés nacional de Estados Unidos: la gobernabilidad y el control eficaz sobre una franja fronteriza de 3,152 km y muy poblada. Desde luego que en ese periodo también hubo diferencias y problemas entre los gobiernos de los dos países, sin embargo, las autoridades de Washington tuvieron el cuidado de moderar sus presiones y pretensiones, pues estaban conscientes de que la estabilidad autoritaria mexicana descansaba en una legitimidad nacionalista del régimen.

Un nacionalismo más de discurso que de hecho, pero eficaz. Vulnerar la imagen de independencia frente al del poderoso vecino del norte, que con gran esmero cacareaba el gobierno mexicano, hubiera significado afectar precisamente lo que más le interesaba preservar a Washington: el orden interno de México. De ahí que ni siquiera cuando las administraciones encabezadas por José López Portillo y Miguel de la Madrid se enfrentaron a los designios de Ronald Reagan en Centroamérica, la Casa Blanca aplicó toda la presión de que hubiera sido capaz si se hubiera propuesto forzar a su vecino a apoyar la línea política de Washington en la guerra soterrada que mantenía contra el gobierno sandinista de Nicaragua y contra las insurgencias de Guatemala, El Salvador y, en menor medida, de Honduras.

Tiempo después, la victoria de Estados Unidos sobre la URSS y el consecuente descrédito del comunismo hizo menos importante la estabilidad y control del gobierno de México sobre la zona fronteriza, pero la nueva lucha contra el terrorismo a escala internacional le ha devuelto a la zona, a ojos estadunidenses, su importancia estratégica.

Si se acepta la premisa anterior, entonces no es posible escapar a la conclusión de que el instrumento fundamental de México en el último siglo y cuarto para defender y sostener sus posiciones frente a Estados Unidos —la estabilidad y el control de sus procesos internos— ya no está funcionando en condiciones óptimas y, por tanto, ha aumentado la preocupación en Washington y sus presiones para que el gobierno de México haga algo para restablecer la disciplina social y el orden público en la frontera común. Y es que desde hace tiempo nuestra casa no se ha trapeado ni escombrado a fondo, y algunos aspectos de este desarreglo han ido en aumento. Lo que es peor, esa dejadez no es asunto que se pueda resolver rápido, y quizá se ponga peor antes de mejorar. Así las cosas, es dable esperar reclamos y presiones de parte del gobierno de Estados Unidos en un futuro próximo, aunque el gobierno estadunidense deberá tener en cuenta que la situación política mexicana es precaria y que seguir por la ruta que su diplomacia ha tomado en los últimos años puede crear más problemas de los que pretende resolver.

La fase pública de uno de los últimos episodios de tensión entre los gobiernos de México y Washington ocurrió el 26 de enero de 2005 y la fecha misma no puede verse como producto del azar, ya que ése fue el primer día de trabajo de la nueva secretaria de Estado, Condoleezza Rice. La institución encargada de la diplomacia estadunidense hizo entonces público un aviso de alerta para todos aquellos de sus ciudadanos que tuvieran planes para viajar a los estados fronterizos de México, pues en ese caso "deberán estar conscientes del riesgo que entraña [para ellos] el deterioro de la seguridad [en México]". Pero esa descalificación de la capacidad de gobernar del gobierno mexicano no fue todo, sino que vino acompañada de una comunicación firmada por el embajador estadunidense, Antonio O. Garza Jr. —y filtrada a la prensa—, en donde el diplomático externó su preocupación por la "incapacidad de las fuerzas del orden público locales" para hacer frente a las consecuencias de la guerra abierta que se ha desatado entre las bandas de narcotraficantes —el documento se abstuvo de señalar que dicha guerra es un reto abierto del crimen organizado al gobierno—, así como la ola de secuestros y de violencia en esa zona, que ha afectado tanto a mexicanos como a ciudadanos estadunidenses, pues estos últimos, sin ser un "blanco específico", también han sido víctimas de asesinatos y secuestros. El embajador concluyó pidiendo al gobierno federal que actúe para mejorar la situación en la frontera y que "por favor" le haga saber si su gobierno puede hacer algo para "cooperar" en esa labor.

Desde luego que, pese a la enorme diferencia de contexto, no se puede evitar el recordar hoy la nota diplomática que el embajador estadunidense Henry Lane Wilson entregó al primer gobierno democrático mexicano —el presidido de manera efímera por Francisco I. Madero— en septiembre de 1912. Ahí, y en un tono menos comedido, el embajador le hizo saber al secretario de Relaciones, Pedro Lascuráin, que México no estaba cumpliendo con su deber de proteger a los ciudadanos estadunidenses, víctimas de una violencia fuera de control. Poco después, Wilson apoyó el golpe militar que puso fin al gobierno y a la vida de Madero.

Por su parte, el gobierno dio una respuesta dura al de Estados Unidos a través del entonces presidente Fox y de sus secretarios de Relaciones y Gobernación, negando la exactitud del reclamo y afirmando su rechazo a que un gobierno extranjero calificara la naturaleza de las políticas con las que las autoridades mexicanas confrontan los problemas internos. El problema del narcotráfico, se sostuvo, es binacional, pues el origen de la actividad ilegal en México se encuentra, sin duda, en la lujuriosa demanda estadunidense de sustancias ilegales. En esa ocasión el secretario de Gobernación se preguntó en voz alta en qué prisión están los grandes capos que operan en Estados Unidos.

Los argumentos mexicanos frente a las críticas estadunidenses aún son válidos en sí mismos, pero al final de cuentas lo decisivo es el contexto: la innegable pérdida de control del gobierno mexicano en materia de seguridad y la naturaleza totalmente asimétrica de su relación con el gobierno estadunidense. Los medios de presión están en manos de Washington, y a México, quiera o no, sólo le queda cabecear los coscorrones.

Para defender eficazmente nuestra soberanía y ampliarla, no hay más que un camino: atacar las muchas debilidades internas. Manejar bien la economía; fortalecer los recursos del sector público; recrear el mercado interno; crear empleo en cantidad suficiente para disminuir la migración indocumentada a Estados Unidos; declarar una guerra eficaz no sólo al narcotráfico, sino al crimen en general y a la corrupción pública; fortalecer la unidad disminuyendo una de las causas del antagonismo social: la enorme desigualdad entre clases y regiones. En fin, que entre mejor manejemos nuestras relaciones internas, mejor, mucho mejor, podremos manejar las relaciones externas.

Ahora bien, la falta de un conjunto coherente de ideas sustantivas en torno a nuestra relación con Estados Unidos no es algo que afecte sólo al Ejecutivo mexicano. También se nota en los partidos políticos, los círculos del gran capital, las instituciones académicas, los espacios intelectuales y las iglesias; ante esto la conclusión es simple: vivir sin proyecto es un mal proyecto. Por su parte, varias generaciones de políticos en Estados Unidos se han formulado la cuestión de ¿qué hacer con México? Y como resultado de la asimetría de poder, la contraparte mexicana ha tenido siempre menos opciones al formular una respuesta con respecto a la misma pregunta, pero referida a Estados Unidos. Sin embargo, la coyuntura actual pareciera caracterizarse por el hecho de que, una vez asimilados los efectos del Tratado de Libre Comercio de la América del Norte (TLCAN), ni México ni Estados Unidos saben qué hacer en realidad para consolidad creativa y positivamente sus relaciones en el mediano y largo plazo. Obviamente, esta ausencia de claridad sobre el porvenir es más peligrosa para el socio más débil que para el fuerte.

Como consecuencia de lo ocurrido el 11 de septiembre de 2001, ni México ni Estados Unidos han creado un conjunto coherente de ideas que pueda ser tomado como equivalente a un plan post-TLCAN. Sepultada entre los escombros de la Torres Gemelas de Nueva York quedó la afirmación de George W. Bush sobre la gran importancia de México para Estados Unidos, lo mismo que la esperanza de Vicente Fox de lograr un compromiso de la Casa Blanca para dar forma al capítulo migratorio del TLCAN. En el 2001 la estrategia mexicana no contaba con ningún plan B, y desde entonces el gobierno foxista casi no accionó en ese campo, sólo reaccionó.

Pese a que en ciertos círculos mexicanos sobrevive la

211

tesis de Lombardo Toledano según la cual la gran y última explicación de nuestros males nacionales es la política imperial estadunidense encaminada a apoderarse de nuestros recursos y mercados, un análisis más objetivo muestra que hoy esa aseveración tiene más de gansada que de argumento racional. Desde hace ya más de un siglo, lo central para Washington en su relación con el vecino pobre del sur no es adquirir más territorio o mejor acceso a sus mercados y materias primas, a la mano de obra barata o al sistema financiero, sino mantener la estabilidad política y social a lo largo de una frontera de más de 3 mil kilómetros. Ahora bien, hoy algunos responsables de estar al tanto de lo que ocurre en México, desde las atalayas del gobierno estadunidense, se muestran preocupados. La idea de que Washington suponga que hay problemas en México es, en la práctica, un problema, pues convierte a nuestros asuntos internos en temas de la agenda política estadunidense.

En febrero de 2005, en una comparecencia ante un Comité de Inteligencia del Congreso de Estados Unidos, varios de los profesionales de la observación advirtieron focos rojos al sur del Río Grande. En primer lugar, se da por hecho que la organización islámica radical Al Qaeda volverá a intentar atacar el territorio estadunidese, el almirante James M. Loy sostuvo ante los congresistas que los datos disponibles "sugieren con fuerza" que la organización islámica ha considerado la conveniencia de infiltrar a algunos de sus operativos desde México. ¿Cómo? Pues "comprando" su entrada, es decir, como lo hacen miles de los mexicanos que ingresan indocumentados a Estados Unidos.[2]

A los servicios de inteligencia estadunidense les preocupa México, en primer lugar, en función de Al Qaeda, pero también por sí mismo. En la comparecencia mencionada, el director de la Agencia Central de Inteligencia (CIA) presentó una lista de países latinoamericanos que eran "puntos de alarma potencial" en 2005 debido a sus procesos políticos internos, y en esa lista se incluyó a México, en unión de Venezuela, Colombia, Haití, Costa Rica, Perú, Ecuador, Nicaragua y Cuba. En nuestro caso, lo significativo no fue que se vaticinara lo obvio —que las reformas fiscal, laboral y energética no se darían—, sino que incluyera al México democrático en la lista de naciones problemáticas.[3]

Para cerrar con broche de oro, a inicios de 2006 el Consejo Nacional de Inteligencia (NIC) hizo público un reporte elaborado con la participación de varios centros académicos, que ponía sobre aviso a los círculos gobernantes estadunidenses sobre los inconvenientes de que tanto en México como en Brasil lleguen a afianzarse gobiernos de corte izquierdista y nacionalista, pues eso podría contagiar a la región y provocar fuga de capitales, empobrecimiento y aislamiento internacional, lo que se traduciría en ingobernabilidad en el "patio trasero".[4] La visión del NIC pareciera sacada del archivo muerto donde se guardan los viejos discursos y reportes de la guerra fría y, en sí mismo, no debería dársele mayor trascendencia. Sin embargo, importa en tanto que indicador de la visión conservadora dominante en Estados Unidos con relación al mundo y que, en nombre de la lucha contra el terrorismo, pudiera llevar a Washington a tomar decisiones que directa o indirectamente afecten el interés nacional de nuestro país.

Una posibilidad: el TLCAN II

Nos guste o no, el corazón de la actual relación de México con el vecino del norte es el TLCAN. En 1990 el valor del

213

comercio total entre ambos países fue de 60 mil millones de dólares pero en 2003 la cifra ascendió a 252 mil millones y continuaba en ascenso; la inversión estadunidense en México creció en menor proporción, pero también creció.

Sin embargo, para Estados Unidos el TLCAN es algo más bien secundario, pues su comercio con sus dos socios regionales —México y Canadá— apenas equivale a 6% de su PIB. En contraste, ese mismo comercio equivale a 50% del PIB en los dos países que flanquean a Estados Unidos. Para México, el acuerdo tripartita significó todo un cambio de régimen económico, equivalente al cambio de régimen político que tendría lugar en el año 2000. En efecto, nuestro país pasó de tener una economía protegida, con gran peso del sector estatal y centrada en el mercado interno a otra de mercado, globalizada y privatizada. Sin embargo, en la actualidad ese nuevo régimen económico no conserva ya la legitimidad ni la credibilidad que pareció tener al inicio.

La desilusión con el TLCAN tuvo mucho que ver con la gran crisis económica que siguió a su entrada en vigor. Como se recordará, al año de operar el TLCAN, y por los errores garrafales de la dirigencia política, el PIB en vez de crecer cayó en 8%. Y aunque la recuperación no tardó, pronto se detuvo, esta vez como resultado de la caída, en el 2000, del ritmo de la economía estadunidense. Y mientras la economía mexicana quedaba en crecimiento casi cero, la china, que crecía 9% anual, empezó a arrancarle a México sus nichos en el mercado estadunidense. Hoy, en México, la promesa de acceder a un estadio superior de desarrollo económico, por la vía del libre comercio con la América del Norte, suena a redoble de bacinica: falso y destemplado. La realidad cotidiana es la de un país donde el mayor dinamismo está en el empleo informal y donde una de las más redituables exportaciones es la mano de obra documentada e indocumentada a Estados Unidos.

El giro que dio la política mundial estadunidense, a raíz de los acontecimientos del 11 de septiembre de 2001, llevó a que se hicieran evidentes dos cosas que le restan todavía más vitalidad a la idea de una América del Norte donde el futuro ofrezca algo más que continuar con una constante dependencia para un México hundido en la mediocridad. Por un lado, la poca importancia que tiene para Estados Unidos su entorno geográfico inmediato (Canadá y México) en comparación con el Medio Oriente; por el otro, la invasión de Iraq hizo evidentes las diferencias en las visiones que tiene México —y, en buena medida, Canadá— con Washington sobre lo que deben ser las reglas centrales del orden mundial posterior a la guerra fría.

De acuerdo con Robert Pastor —antiguo asesor para asuntos latinoamericanos del presidente James Carter y hoy profesor de la American University—, la verdadera y única opción para inyectar energía y legitimidad al proyecto de la América del Norte es volver un tanto los ojos al modelo europeo. Ahí, los países más prósperos hicieron y siguen haciendo un esfuerzo deliberado por disminuir la brecha que los separa de los menos afortunados como condición para un futuro común.

Desde la perspectiva de Pastor, el documento que en 1993 creó el mercado de la América del Norte implicó la promesa de construir una "sociedad trilateral". Es claro que el compromiso no se cumplió, y que la distancia entre México y su vecino del norte se ha acrecentado (como también se ha acrecentado la brecha entre las regiones mexicanas más ligadas y las menos ligadas al tratado). Ya nadie puede negar que la migración indocumentada de mexicanos hacia Estados Unidos —que tanto molesta a muchos sectores de ese país— está ligada tanto a la falta de un capítulo sobre fuerza de trabajo en el TLCAN, como a la falta de dinamismo de la economía mexicana, que se traduce en una diferencia salarial promedio de cinco a uno con respecto a Estados Unidos.

Para Pastor, está en el interés económico y político estadunidense el inyectar vitalidad al TLCAN. Una forma muy concreta de hacerlo es creando un fondo de 200 mil millones de dólares para financiar un ambicioso programa de diez años de infraestructura en México —carreteras, puertos, aeropuertos, etcétera—, que lleve a un crecimiento significativo de la economía interna mexicana y le permita, también, competir en mejores condiciones con los productores chinos en el gran mercado estadunidense, pues es ahí adonde se dirige y de donde proviene 90% del intercambio de México con el exterior. Ese fondo estaría formado por una contribución mexicana de 100 mil millones de dólares y otra igual proveniente de Estados Unidos y, en mucho menor medida, de Canadá. Los fondos aportados por México deberían provenir de una reforma fiscal que elevara de 12 a 16% del PIB el ingreso fiscal, y la supervisión de su inversión debería correr a cargo de una entidad internacional —el BID, por ejemplo.[5]

Esta propuesta es una especie de Plan Marshall para México, pero si el acicate del plan de George Marshall fue el temor al comunismo ¿cuál sería aquí el equivalente? Por supuesto, a cambio de revitalizar la idea de la región de la América del Norte, Washington esperaría de México un mayor compromiso y cooperación en lo que hoy asemeja su vieja lucha contra el comunismo: la guerra contra el terrorismo y el control de sus fronteras. Y, además, una simplificación irrebatible que aún no ha permeado en los mentideros y tertulias importantes de Washington: para efectos de seguridad más vale tener un vecino

216

solvente que uno miserable; pero, por ahora, no se detecta interés en los círculos de decisión por este proyecto, aunque podría servirnos de punto de partida para un gran debate sobre la naturaleza de nuestra relación con Estados Unidos. Desafortunadamente, los políticos mexicanos están concentrados en sus propios ombligos al punto que parecieran no tener presente el interés nacional. Si hay tiempos de estolidez, el actual debe ser uno de ellos.

Tan lejos de América Latina

No es deseable pero es inevitable: todo intercambio significativo de México con el exterior termina por ser una forma de relación, directa o indirecta, con Estados Unidos. La crisis México-Venezuela de 2005 no es sino la confirmación de esta regla. El problema es una repetición, en sentido inverso, de otro que tuvo lugar a inicios de los veinte. Recién salido de su gran revolución, México suspendió sus relaciones diplomáticas con Venezuela y sólo las reanudó hasta 1933. A diferencia de hoy, entonces México era el país antiimperialista y abanderado del cambio en tanto que Venezuela era gobernada por un dictador, el general Juan Vicente Gómez (gobernó de 1908 hasta su muerte en 1935), quien no se llevó mal con las empresas estadunidenses, inglesas y holandesas que entonces comenzaron a explotar el petróleo del lago de Maracaibo.

La crisis mexicano-venezolana se inició durante la IV Cumbre de las Américas celebrada en Argentina. Ahí el entonces presidente Vicente Fox agitó innecesariamente un avispero, pues, sin que tal acción fuera indispensable para México, propuso incluir una materia que no estaba en la agenda de la reunión, pero sí en la de Washington: avanzar en la creación del

217

Área de Libre Comercio de las Américas (ALCA). En su torpe empeño, Fox chocó de frente con el Mercosur y Venezuela, que por ahora tienen otras prioridades, y eso llevó a que hiciera algunos comentarios críticos relacionados con el anfitrión y con el líder venezolano, este último enemigo declarado del mandatario estadunidense. Fox recibió el espaldarazo de Washington, pero el rechazo abierto de los mandatarios de Argentina y Venezuela. De aquel testerazo, como sabemos, surgió un problema diplomático que pudo haberse evitado.

Independientemente de los grotescos méritos de la defensa pública de Fox del ALCA —se puede argumentar que a México éste no le conviene, pues aumentaría la competencia con los latinoamericanos por un mercado estadunidense que México ya tiene asegurado con el TLCAN—, es claro que la política exterior foxista no ha sido la mejor. Al examinar su conflicto con los líderes de Cuba y de Venezuela —que no por coincidencia son las "bestias negras" de Washington en América Latina—, se puede advertir que tanto la pasada política externa, como el emblema presidencial —la llamada "águila mocha"— se elaboraron sin tomar en consideración sus respectivas bases históricas, y sin ellas se pierde el sentido de ambos.

Para Enrique Florescano, un historiador que en los últimos tiempos se ha dedicado a desentrañar el significado histórico de los símbolos nacionales, el haber dejado fuera de la papelería oficial medio cuerpo del águila, más el nopal en que está parada, la peña en que está arraigado el cactus y el lago que le rodea, sólo se explica por ignorancia.[6]

Lo significativo del águila completa es, por un lado, su antigüedad —el símbolo es prehispánico— y, por otro, que, a pesar de haber sido el emblema de los vencidos, terminó por imponerse como símbolo nacional sobre todos los otros po-

218

sibles, incluyendo a los de origen europeo. Al prescindir de las garras del ave, del nopal, de la peña que lo sostiene y del agua que le rodea, el foxismo hizo de lado lo esencial. El lago es el que rodeaba a Tenochtitlán, la peña simboliza el corazón de Copil, enemigo mortal de Huitzilopochtli, y que éste le arrancó y arrojó a la laguna para significar que la capital azteca tenía como base la derrota de todos los adversarios del dios y de los aztecas. El nopal ausente es el árbol cósmico y sus tunas rojas simbolizan corazones humanos, en este caso, de los guerreros sacrificados al dios tutelar. El águila dorada, completa, es la representación del sol y, por extensión, del triunfo del pueblo mexica. Finalmente, al devorar a la serpiente, el águila reafirma la dominación azteca sobre las sociedades agrícolas que le rodeaban.[7] Así, al "mochar" las dos terceras partes del escudo nacional, el gobierno pasado eliminó, seguramente sin la menor noticia de ello, partes sustanciales de su simbolismo ¡y sólo se quedó con la que se refiere a la subordinación de los agricultores!

Toda política exterior exitosa, afirma Richard N. Hass, requiere de un principio guía que sirva de base a la doctrina que le permita a un país definir las prioridades y delinear las estrategias frente al resto del mundo. En teoría, México tiene un conjunto de principios que oficialmente le han servido de brújula para guiarse en el proceloso mar de la política mundial del poder.

Esos principios fundamentales de nuestro país son harto conocidos: autodeterminación y no intervención en los asuntos internos del país, igualdad jurídica de los Estados y solución pacífica de las controversias. De estos preceptos se desprende toda una doctrina surgida de las experiencias históricas del país. Sin embargo, en la práctica, el principio rector de la política exterior mexicana, desde fines del siglo XIX hasta hace poco, es uno que no puede ser enunciado oficialmente, pero que entre la República restaurada y finales de los ochenta ha guiado el grueso de las conductas de México frente al resto del mundo. Su deslave explica parte de los titubeos y contradicciones actuales. Tal regla no es otra que la búsqueda y sostén, dentro de lo prudente, de una independencia relativa frente a Estados Unidos. Desde esta perspectiva, los grandes temas generales enunciados en todos los documentos básicos de política exterior mexicana no son más que la corteza que envuelve a un "principio duro", cuyo punto de referencia es el vecino país del norte.

La búsqueda de la independencia relativa frente a Washington resultó un imperativo desde antes del triunfo de la Revolución mexicana. Fue natural que quienes acabaron con el Porfiriato buscaran hacer aparecer al caudillo oaxaqueño como falto de patriotismo y entregado a los intereses de los grandes capitales estadunidenses y europeos. Sin embargo, un examen más cuidadoso y objetivo de la política del general Díaz muestra que no fue ése el caso. Desde luego que el dictador liberal buscó modernizar a México atrayendo capital externo y manteniendo las mejores relaciones posibles con los países centrales y sus grandes empresarios, pero eso no le impidió ejercer un discreto nacionalismo.

Veamos un ejemplo histórico que muestra que la cercanía con Estados Unidos no implica, por fuerza, dar a Washington el apoyo que demanda. A inicios del siglo XX, el interés de Washington exigía poner fin a los conflictos internos de los países centroamericanos, envueltos de tiempo atrás en una lucha regional, donde Guatemala buscaba imponer sus intereses y perspectivas sobre quienes se le resistían. Para México, el predominio

220

guatemalteco en la zona no era lo más conveniente y, para Washington, la persistencia del choque entre Guatemala y sus vecinos impedía la estabilidad en una región donde Estados Unidos ya era la fuerza externa dominante y cuyo interés estaba en acentuar la penetración económica y llevar a buen fin la construcción y control del canal interoceánico de Panamá.

En julio de 1906, y a bordo del buque de guerra estadunidense *Marblehead*, Estados Unidos y México, en calidad de mediadores "amistosos", atestiguaron la firma de un acuerdo de paz entre Guatemala y El Salvador. Desde luego que en ese cuadro la única fuerza externa determinante era la estadunidense, pero Washington deseaba que México se le uniera como "garante de la paz" en Centroamérica, para darle un jocoso elemento de multilateralidad a algo que era una mera política imperial. De acuerdo con Daniel Cosío Villegas, la obsequiosa cooperación mexicana en ese empeño estadunidense sólo se explica por el impulso de unos resortes rastreros: "los del prestigio y de la vanidad de alternar y aun contender con una potencia de primer orden".[8]

Algo más o menos similar puede reconocerse en el afán del expresidente Fox por ser el campeón de una política fundamentalmente estadunidense —el ALCA— y que al final terminó irritando a los presidentes de Argentina y Venezuela. La diferencia es que Díaz dio marcha atrás y muy rápido. La cooperación de Díaz con Estados Unidos en el proyecto centroamericano no tenía buenas bases y México se apartó de Washington y le dejó por entero al Departamento de Estado la responsabilidad de tutelar la región. Y no sólo eso, sino que, de manera muy discreta y simbólica, Díaz apoyó al presidente liberal de Nicaragua, José Santos Celaya, quien encabezaba la confrontación con Guatemala y con Washington.

Veamos ahora un ejemplo contrario, uno donde un México supuestamente nacionalista apoyó a un Washington imperial, pero sin publicitarlo. Tras su triunfo y para mejor legitimarse, el nuevo régimen posrevolucionario usó el nacionalismo y el antiimperialismo enfrentando a Estados Unidos. Sin embargo, cuando Plutarco Elías Calles, después de su acuerdo de fondo con el embajador estadunidense Dwight Morrow, en noviembre de 1927, decidió que debía evitar nuevos choques con Estados Unidos, no tuvo dificultad en encontrar maneras de cooperar con el vecino del norte, pero sin que la opinión pública lo notara. Así, por ejemplo, antes de 1927 México se había comprometido con la lucha nacionalista existente en Nicaragua, pero tras el acuerdo Calles-Morrow ese enfoque dejó de ser útil. Años después, en junio de 1929, el gobierno mexicano dio asilo al símbolo nacionalista nicaragüense, Augusto César Sandino, líder de la resistencia contra la ocupación estadunidense de su país desde 1927. Con ese gesto el gobierno mexicano mantenía su solidaridad con la causa revolucionaria y nacionalista de Centroamérica. Sin embargo, lo que en realidad hizo el gobierno presidido entonces por Emilio Portes Gil fue aislar a Sandino en el sureste mexicano, dejarlo sin recursos ni comunicaciones y rodeado de agentes secretos locales, nicaragüenses y estadunidenses para neutralizar su influencia en el complejo proceso político que entonces buscaba poner fin a la lucha de resistencia nicaragüense, pero en los términos de Washington. Sandino comprendió pronto el callejón sin salida en que le había metido el generoso asilo mexicano y en 1930 logró abandonar México, retornó a su patria y a la lucha. Finalmente, en febrero de 1934, Augusto César Sandino fue secuestrado y asesinado por aquel que por muchos años sería el principal instrumento y servidor de los intereses estadunidenses en Nicaragua: Anastasio Somoza, y México ya no volvió a tener diferencias con Estados Unidos respecto de Nicaragua, sino hasta 1979 cuando los nuevos sandinistas derrocaron al heredero de Somoza.

El ejemplo anterior no es para llenar de orgullo a la política exterior mexicana, pero sirve para mostrar que cuando el gobierno mexicano ha decidido cooperar con Washington, en sus términos y en asuntos delicados, lo ha hecho, pero de manera muy discreta, para no violar ante la opinión pública nacional el principio de la preservación de la independencia frente a Estados Unidos. En realidad Fox siguió esta línea histórica al no apoyar abiertamente a Washington en el Consejo de Seguridad de la ONU cuando se trató el caso de Iraq, de ahí lo innecesario de su lastimoso protagonismo en el asunto del ALCA, en Mar del Plata.

Hace tiempo que la dirigencia política del país no tiene claro cuál debe ser el principio rector de su relación con Estados Unidos y ni siquiera ha tenido el conocimiento ni la sensibilidad necesaria frente a la complejidad histórica para improvisar con éxito. En conclusión, el incidente con Argentina y Venezuela hace ver que tenemos que debatir el tema de nuestra doctrina de política exterior, y entre más pronto mejor.

Narco, el poder inasible

Una vez que un asunto interno de México es definido como problema para y por Estados Unidos, la presión política de la superpotencia puede convertirse en un dolor de cabeza o algo peor para nuestro país. No siempre fue así, pero hoy la prioridad de Estados Unidos con relación a México no es el control de sus recursos naturales o de su mercado. Para Washington lo más importante es mantener la estabilidad a lo largo de la frontera común. Si esa estabilidad se pierde, el interés nacional de Estados Unidos se ve afectado en lo esencial. De ahí que la mayor responsabilidad de los gobiernos mexicanos en materia de política exterior sea mantener el orden interno.

En abril de 2005 el gobierno estadunidense empezó a señalar su descontento por el deterioro de la seguridad al sur del río Bravo, y advirtió a sus ciudadanos que no era seguro viajar a ciertas ciudades fronterizas mexicanas. El embajador Garza sostuvo que las autoridades mexicanas estaban perdiendo el control de algunas zonas de su país. La Drug Enforcement Administration (DEA) también tocó el tema y finalmente la secretaria de Estado, Condoleezza Rice, hizo saber que su gobierno estaba muy preocupado por la ola de violencia que se había desatado al sur de la frontera —más de 630 muertes violentas en lo que iba de ese año—, a causa de la lucha interna de las organizaciones de narcotraficantes.

Rice calificó el asunto de "muy grave" y señaló que ya había hecho llegar su preocupación "a todos los niveles" del gobierno mexicano.[9] Inmediatamente después, empresarios estadunidenses dejaron saber que habían recurrido a su gobierno en busca de guía para saber cómo actuar ante la crisis de seguridad que existe en las zonas donde están sus filiales mexicanas.[10] Al final, la DEA reveló que en México se ha constituido una poderosa "federación" de narcotraficantes —el Chapo Guzmán, el Azul, el Mayo Zambada, Arturo Beltrán Leyva e Ignacio Coronel— que le hacen la guerra a muerte a las organizaciones de Osiel Cárdenas y a los Arellano Félix y que, justamente por eso, constituye ya una amenaza para Estados Unidos y no sólo en el área fronteriza, sino también en el interior.[11] Según ese informe, las organizaciones criminales mexicanas controlan cada vez más un mayor espacio del narcomenudeo en las ciudades estadunidenses y han desplazado a los grupos criminales locales.

A estas alturas ya era imposible negar que el crimen organizado mexicano estaba fuera de control y que había dejado de ser un asunto nacional para convertirse en uno de carácter internacional. Y es que una buena cantidad de problemas mexicanos, inicialmente internos, tienen el potencial de terminar como parte de la agenda de problemas estadunidenses. El descuido, la incapacidad y la corrupción de los responsables mexicanos son los factores que permiten que un tema interno crezca al punto de llamar la atención de Washington, y entonces la situación se complica para México, pues deja al descubierto su talón de Aquiles político y económico frente a la mayor potencia mundial. En esas circunstancias, ya no tiene mucho caso envolverse en la bandera, en el manto de la soberanía de los principios del derecho internacional o tratar de restarle importancia.[12]

Quieran o no, las autoridades mexicanas se ven forzadas a actuar en función tanto de sus intereses como de los de Washington, y al hacerlo crean descontento en la opinión pública mexicana, siempre desconfiada tanto de las razones estadunidenses como de la *firmeza* oficial mexicana. De esta manera, es evidente que la operación "México Seguro" que lanzó en el año 2005 el gobierno mexicano en la frontera, y que implicó la intervención de policías federales y cuerpos del ejército, para imponer el orden roto por la violencia del narcotráfico fue una respuesta de emergencia por la presión de Washington. La aparatosa operación obedeció más a la necesidad de inventar un instrumento para enfrentar la presión estadunidense que a una bien planeada reacción de las autoridades.

225

A raíz de "México Seguro" se hizo patente, una vez más, que para nuestro país la mejor y casi única defensa de su independencia es la acción preventiva. Mantener la casa en orden es la mejor manera de evitar que surjan los resquemores que induzcan al gobierno vecino a pronunciarse sobre nuestros asuntos domésticos.

En un principio, el interés de Estados Unidos en lo que a partir de 1821 sería México, no estaba en el mantenimiento del orden, sino en todo lo contrario. En efecto, en el siglo XIX la inestabilidad mexicana facilitó la tarea expansionista de Estados Unidos sobre el casi desconocido territorio que era el septentrión, un gran espacio semivacío legado de la Nueva España, cuya población la constituían apenas algunos poblados de mexicanos y varios grupos seminómadas que le hacían la guerra.

En la primera etapa de la relación mexicano-estadunidense esa falta de población en el norte, combinada con la inestabilidad política y social en el resto del país, más la penuria de las finanzas públicas que acompañaron a su nacimiento como Estado, crearon condiciones ideales para los intereses estadunidenses. La fuerza del federalismo mexicano —cuyos orígenes se encuentran bien arraigados en la época colonial— llevó a que en la primera mitad del siglo XIX prevalecieran los intereses de las elites locales —comerciantes, terratenientes, mineros— o de algunas comunidades indígenas por sobre los intereses nacionales. El resultado fue que México como nación no pudo afrontar con éxito el proyecto expansionista estadunidense.

La insurrección de los colonos de Texas, en 1835, fue alentada y apoyada por Estados Unidos, aunque no se puede negar la existencia de fuertes sentimientos separatistas o autonomistas, pues Texas no fue la primera ni única provincia rebelde, como lo demuestran los casos de Zacatecas, Jalisco, Oaxaca o Yucatán, entre otros. México era entonces una nación sólo en teoría.

Para los estadunidenses, que pronto advirtieron las ventajas de un proyecto nacional expansionista, donde la única contradicción seria era la tensión entre el sur esclavista y el norte basado en el trabajo libre, resultó muy conveniente que el ejército mexicano fuera en extremo ineficiente, como resultado de estar basado en la leva, e impedido para actuar como una auténtica unidad, debido a las rivalidades entre sus generales, cuya preparación y conducta no correspondían al modelo del militar profesional en la mayoría de los casos. Les resultó igualmente positivo que el gobierno central de México estuviera siempre en quiebra y que dependiese de agiotistas —cuyo núcleo fuerte estaba formado por extranjeros— que llegaban a cobrarle hasta 300 o 500%, por concepto de intereses, y que la corrupción fuera una práctica corriente y hasta entusiasta.

La brutal división entre las clases en la época colonial se mantuvo a todo lo largo del siglo XIX, especialmente en la primera parte, y eso también favoreció el interés estadunidense. En 1847, tras la toma de la capital por el general Winfield Scott, los llamados "hombres de bien", es decir, las clases medias y propietarias, ya no intentaron resistir al invasor y aceptaron sus condiciones en el Tratado de Guadalupe, para no correr el riesgo de que tal resistencia abriese las puertas a una insurrección de las clases populares —"la plebe"— que terminara, como en Yucatán, en una guerra de castas.

El fallido intento de reconquista española de 1829, la guerra del 47, la anexión de La Mesilla y sus 100 mil kilómetros cuadrados a Arizona, en 1853, y el Tratado McLane-Ocampo de 1859 se dieron en el contexto de un país en guerra social

227

y política consigo mismo. Lo mismo sucedió en el momento en que tuvo lugar el desembarco tripartita de 1861, en Veracruz, y la invasión francesa que le siguió. El fracaso de las instituciones públicas, la inexistencia de autoridades con legitimidad, la carencia de cohesión social, las dificultades de un proyecto nacional compartido entre las regiones, las clases y las razas fueron de gran utilidad para aquellas fuerzas del exterior, en particular las estadunidenses, que deseaban imponer su interés sobre México.

A finales del siglo XIX, cuando Washington ya dejó de buscar nuevas áreas de expansión territorial hacia nuestro país y cuando la frontera entre Estados Unidos y México se pobló, el interés de Estados Unidos mudó su naturaleza hasta llegar a ser exactamente la opuesta. Para que no hubiera abigeato en Texas, para que las empresas ferrocarrileras, mineras y agrícolas propiedad de estadunidenses en México pudieran prosperar, para que los préstamos contratados por México se pudieran pagar, era requisito indispensable la existencia de estabilidad en México, como la que propició Porfirio Díaz.

En buena medida, la constante intervención de Washington en los asuntos mexicanos, a partir del estallido de la Revolución mexicana, se explica justamente por la búsqueda de la restauración o creación de las condiciones que permitieran el retorno de un gobierno fuerte en México, al que se pudiera hacer responsable de la protección de sus intereses al sur del río Bravo.

Cuando Estados Unidos se convirtió en gran potencia mundial durante la segunda guerra mundial y, sobre todo, durante la guerra fría, la pax priísta fue la mejor contribución que México pudo hacer al interés estadunidense, urgido de mantener una frontera bajo control. En 2005, cuando Washington

228

se encontraba concentrado en su guerra contra el terrorismo, una frontera fuera de control como la que México le ofrecía era simplemente intolerable.

Para las autoridades mexicanas resolver el problema requería de honestidad, voluntad, inteligencia y tiempo. Nada de eso había ni hay y la única defensa mexicana consistía en tratar de que Estados Unidos tomara conciencia de la complejidad del tema y de la debilidad institucional mexicana, y de que una presión excesiva podría resultar contraproducente. El bajo crecimiento económico y la creciente insatisfacción ante la gestión foxista haría que una acción externa muy abierta y dura debilitara aún más a la autoridad mexicana y complicara la situación para ambos países.

Una de las situaciones que menos conviene al interés nacional de cualquier país es ser definido como un problema para la seguridad de la potencia dominante. Un ejemplo clásico es Cartago. Roma decidió que era un peligro para su seguridad y en el año 146 a. C., tras las guerras púnicas, sólo quedaron los cimientos de una otrora magnífica ciudad. El destino cartaginés es un caso extremo, pero nunca es conveniente estar en la lista de los países-problema de una potencia, menos en los de una superpotencia vecina y muy dada a emprender acciones unilaterales. Sin embargo, México se ha vuelto a colocar en esa incómoda situación y ahora la tarea es sacarlo de ahí.

La foto de México se encuentra en la cartera estadunidense de países-problema, como se puede comprobar en las minutas de la audiencia pública anual sobre amenazas a su seguridad, del Comité Selecto del Senado para Asuntos de Inteligencia que tuvo lugar el 2 de febrero de 2006, en Washington. Afortunadamente, en ese inventario hay muchos otros asuntos que van a mantener ocupadas la atención y energía de Washington por algunos años. Sin embargo, las autoridades mexicanas deberían sentirse obligadas a tomar las providencias para que nuestro país no vuelva a aparecer cuando el Director Nacional de Inteligencia de Estados Unidos (DNI) presente a su Congreso la lista negra de las cuestiones mundiales de seguridad. Obviamente la tarea no es fácil, y remover a México de la lista del DNI va a requerir un esfuerzo mayúsculo y, sobre todo, voluntad política.

Entre los comparecientes a la audiencia en cuestión —todos miembros de la comunidad de inteligencia del gobierno norteamericano: CIA, FBI, NIA, Defensa, Departamento de Seguridad Interna y Departamento de Estado— el lugar más destacado le correspondió a John D. Negroponte, un viejo lobo colmilludo en la teoría y práctica de la presión imperial. Él resultó un DNI que nos reconocía incluso a tientas, pues fue el embajador de su país en México entre 1989 y 1993.

Obviamente, el grueso de las consideraciones que hizo el embajador Negroponte en torno a las amenazas externas a la seguridad de Estados Unidos y las acciones que se han llevado, o pueden desarrollarse en este campo, se centraron en la situación en Iraq y Afganistán, los dos Estados que el ejército estadunidense enfrenta en el terreno de las acciones bélicas; en los países que desafían a la superpotencia —Irán, Corea del Norte, Cuba— o que pueden tomar acciones o desarrollar políticas que resulten negativas para Estados Unidos —China, Rusia o Pakistán, entre otros—; en las acciones y el combate a los grupos terroristas y sus redes; las comunidades hostiles (*enajenadas* fue la definición del embajador); los líderes carismáticos con actitudes contrarias a las políticas de Washington —el inefable Hugo Chávez, por ejemplo—; la llamada "gripe aviar" (una amenaza microbiana) y, desde luego, el narcotráfico. Y es en este último punto y en el de los movimientos de las células terroristas, donde apareció México en el radar de las preocupaciones del encargado de la seguridad estadunidense.

Según las minutas, a Estados Unidos le preocupaba más Canadá que México como posible puerta de ingreso de terroristas islámicos a su territorio; pero no se descartó que lo hicieran por México (la frontera entre ambos países registraba un promedio anual de 300 millones de cruces a los que hay que añadir el paso de los indocumentados). En este tema intervinieron no sólo Negroponte, sino Charles Allen, del Departamento de Seguridad Interna. Desde esta perspectiva, una frontera que deje de ser tan porosa es un obvio imperativo de seguridad. Y la construcción de cualquier tipo de muro, que ayude a la separación física de Estados Unidos y su socio sureño en el TLC, debe considerarse, desde este punto de vista, política y moralmente justificada.

El cúmulo de problemas de seguridad detectados por el DNI resultó tal que el narcotráfico y América Latina ocuparon poco espacio en la lista de problemas. Sin embargo, vale la pena notar lo que se dijo entonces al respecto. Las áreas peligrosas para Estados Unidos en el mapa trazado por Negroponte fueron, primero, Afganistán, Kirguistán y Birmania (Mianmar), pero luego, "más cerca de casa", Haití, Jamaica y México. En nuestro caso se ofrecieron cifras: 90% de la cocaína que entra a Estados Unidos lo hacía, hasta ese momento, por "el corredor Centroamérica-México"; toda la heroína producida en México era para consumo estadunidense, y también nuestro país era el principal proveedor externo de marihuana y metanfetaminas.

Al abordar el tema del narcotráfico, Negroponte hizo un breve pero contundente juicio sobre la situación del Estado mexicano. Primero se refirió a la posibilidad de que los narcotraficantes, en general, consoliden acuerdos con los enemigos de Estados Unidos y, segundo, que el gran poder corruptor de estas mafias afecte a Estados nacionales ya ineficaces, y en los que no se podía confiar, pero, que a la vez, resultan importantes para Estados Unidos. Fue en este contexto donde se mencionó a seis países, entre los que apareció el vecino del sur: México. Y donde encajaron las notas y declaraciones hechas por el embajador de Estados Unidos, Antonio O. Garza.

La escalada de violencia motivada por las luchas internas de los carteles de la droga ha alcanzado un nivel tal que el embajador pudo justificar el cierre temporal de un consulado en la frontera y el envío, a fines de enero de 2006, de unas notas diplomáticas señalando que México debe adoptar medidas para poner fin al clima de violencia en el lado mexicano de la frontera —particularmente en Nuevo Laredo— y a los ataques directos a la patrulla fronteriza provenientes de este lado.

La naturaleza relativa de nuestra soberanía es evidente. La responsabilidad de que así sea la tienen la geografía, la historia y una clase política que no ha querido, o no ha podido, mantener el orden interno y por eso México tiene abierto un flanco por el que Washington puede hacer acerbos señalamientos.

Fricciones con Estados Unidos

La construcción del muro, aprobada tras grandes debates entre los congresistas estadunidenses, equivale a un quinto de la Gran muralla china y tiene un objetivo no muy diferente al de los emperadores de las dinastías Qin a la Ming: mantener fuera a los bárbaros. Se le puede concebir como una nueva —y

232

tres veces mayor— línea Maginot sin los búnkers o artillería de aquélla, pero con cámaras, sensores y aviones no tripulados y custodiada por miles de efectivos de la patrulla fronteriza y la guardia nacional.

Robert Frost inició su serie de poemas *North of Boston*, con uno titulado "Mending Wall" ("Reparando la cerca"). En él, pone en duda la razón de ser de esa idea que asegura: "La buena cerca hace al buen vecino". Para Frost, por el contrario, siempre "hay algo que impide querer a una barda" (Something there is that doesn't love a wall), porque lo que se preserva de un lado excluye a lo que queda del otro. Lástima que Frost murió hace 43 años, pues él hubiera sido hoy la persona ideal para preguntar en Estados Unidos si de veras es necesario que se construya en su frontera sur esa barda triple de 596 kilómetros propuesta por el Senado para aumentar su seguridad, y, sobre todo, para dejar fuera a las 400 mil personas que anualmente cruzan la frontera mexicano-estadunidense en busca de trabajo.

El muro por venir busca detener una intrusión masiva, pero pacífica que hoy experimentan lo mismo Europa que Estados Unidos, o partes de Asia: la irrupción de un ejército de pobres que no pretende destruir ni tomar nada, sino ofrecer su trabajo a cambio de lo que no tienen en su país de origen. Si acaso estos invasores intentan alguna conquista, es la de su propio destino. Este proletariado sin papeles, producto no deseado, pero engendrado por la globalización, se propone intercambiar con el mercado mundial un poco de dignidad material, pagándola con un trabajo duro, inseguro y mal remunerado. Es difícil negar la legitimidad de tal empeño, pero no hay ninguna sociedad rica que hoy esté dispuesta a aceptarlo en condiciones que no sean las propias.

233

En nuestro caso debemos asumir que desde el principio el muro ha estado ahí, lo único que ha cambiado es su forma. En 2005 y 2006 mucho se dijo en torno a la propuesta HR 4437, formulada por la Cámara de Representantes de Estados Unidos para "criminalizar" la inmigración indocumentada (unos 11 millones, de los cuales siete podrían ser mexicanos), para perseguir a quien los emplee y construir un "muro inteligente" (doble valla con sensores) a lo largo de un tercio de la frontera. Sea cual fuere el destino final de esta idea del representante James Sensenbrenner (republicano), obligó a volver a poner en blanco y negro las diferencias y contradicciones de intereses entre México y su vecino del norte.

La dureza política estadunidense proviene de los ideólogos de la derecha dura (los ultras o "vulcanos") y de los republicanos, pero ya anida también en un buen número de demócratas, incluso algunos de ellos han descubierto —sobre todo en épocas electorales—, en relación con los trabajadores indocumentados, la ventaja del "nacionalismo laboral" y han decidido culparlos de ser la causa de los bajos salarios en regiones deprimidas, y no al modelo económico global. Un ejemplo de esto es lo declarado por el demócrata James Webb: "Considero que debemos recuperar el control de nuestras fronteras y también creo que debemos de controlar la forma en que nuestras corporaciones hacen uso del trabajo [barato] de los ilegales. Este problema [el de los migrantes indocumentados] y la guerra en Iraq son los dos grandes fracasos de esta administración". Por su parte, la senadora Hillary Clinton, aspirante demócrata a la Presidencia, también votó a favor del muro.

Desde que en 1927 el presidente mexicano y el embajador estadunidense llegaron a un acuerdo informal pero sus-

234

tantivo —el acuerdo Calles-Morrow—, el discurso oficial en los dos países sobre su mutua relación ha estado dominado por referencias a valores positivos de "buena vecindad" y ha mantenido en segundo plano lo decisivo: la disparidad de poder y el conflicto histórico de intereses. Sin embargo, nunca se debe confundir el discurso con realidad, siempre se debe examinar bajo el lente del realismo la naturaleza de los nexos entre las sociedades al norte y sur del río Bravo, pues sólo así puede México diseñar una política viable para administrar una relación asimétrica que ninguna de las partes puede evitar.

Para administrar, que no resolver, el viejo y permanente problema entre el gobierno central de España y las autonomías regionales, el profesor Antón Cuadras propone hacer de la aceptación de un conflicto de fondo entre los intereses de ambas partes el pegamento que mantenga la unidad política de una España desde siempre plural.[13] Para conducir nuestra política con Estados Unidos conviene seguir esta fórmula y hacer de la aceptación del conflicto tradicional y de su transformación en empresa común, la esencia de la relación México-Estados Unidos.

Desde que se perdió la guerra con Estados Unidos, en 1847, no ha habido otra manera de proceder con nuestra problemática vecindad. Los momentos en que el interés mexicano ha sido mejor servido han sido aquellos donde se actúo a sabiendas de que si bien la diferencia de intereses puede ser insalvable en una arena, se puede construir un escenario paralelo donde México y la gran potencia puedan coincidir. Uno de los mejores ejemplos de esta política puede tomarse del cardenismo (1934-1940). Por un lado, se nacionalizó el petróleo y se expropiaron las propiedades agrícolas extranjeras, pero, en el primer caso, se afectó más a ingleses que a estaduniden-

235

ses y se aceptó indemnizar por lo expropiado. Por el otro, se apoyó a Washington en su conflicto con Alemania y Japón, pese a que la opinión pública mexicana tenía muy pocas simpatías por tal causa.

Cada "gran política" mexicana relacionada con el poderoso vecino debe detectar los factores de choque, pero también debe encontrar cómo negociar la contradicción ofreciendo a Washington hacer —o dejar de hacer— algo que le interese. Claro, lo ofrecido debe cumplirse y cargar con los costos.

La movilidad internacional de la mano de obra y la dureza del proceso son un hecho objetivo. En un país como China esa movilidad es interna: los campesinos pobres se desplazan a las ciudades como una ola de un par de centenas de millones de trabajadores temporales. En un principio Beijing obstaculizó esta migración, pero finalmente se rindió ante lo imposible y hoy la alienta como una riesgosa clave de su éxito económico. En economías tan dinámicas como las de Corea del Sur, Taiwán, Hong Kong o Singapur, se ha tenido que aceptar a trabajadores chinos, tailandeses, filipinos o indios. La prosperidad de Singapur —país de cuatro millones— no se entendería sin los 600 mil trabajadores extranjeros expoliados que recibe.

En su brutal competencia, el capitalismo global requiere una mano de obra también global, sobre todo para los trabajos más duros y menos remunerados, aunque también para migrantes de alta calificación como los centenares de ingenieros asiáticos bien pagados en California. Sin embargo, el medio cultural es menos flexible que el mercado. En los países asiáticos prósperos no se permite a los proletarios extranjeros integrarse a la sociedad en la que trabajan y las prestaciones que se les ofrecen son mínimas o nulas, al punto que las condiciones en que laboran constituyen un escándalo mundial.[14] Pues bien, lo mismo

236

que les sucede a los albañiles de la India en Singapur, les sucede a los mexicanos y centroamericanos indocumentados en Estados Unidos. La economía de ese país los necesita y por ello ha creado una subclase de 11 o 12 millones de personas. Sin embargo, la sociedad anfitriona se resiste a reconocer sus diversas contribuciones, en particular la parte que no está involucrada con la explotación de quienes cosechan en California, trabajan como albañiles en Texas o lavan pisos en Manhattan. Este sector quiere deshacerse de esos pobres que no hablan inglés, que tienen otro color de piel, que entraron sin "papeles" y que viven como marginados permanentes.

Estados Unidos, si quisiera, podría construir un muro impenetrable —mutatis mutandis Israel lo hizo— pero no podrá mantenerse como centro de la economía global sin aceptar lo que China ya ha reconocido: que uno los factores esenciales de la economía competitiva es la migración masiva de trabajadores pobres que acepten los empleos peor remunerados en las zonas ricas. México tiene y vive hoy contradicciones y coincidencia de intereses con su vecino del norte como las que siempre ha tenido el proletariado con el capital. Partiendo de reconocer este hecho, la tarea es transformar "el conflicto en pegamento" para que la vecindad no se vuelva a convertir en rencor o tragedia. El cardenismo nos ofrece la clave: reconocer tanto la diferencia de intereses como la necesidad de administrarlos. Hay que negociar, dar algo a cambio de algo, sostener el acuerdo mientras sea viable... y luego volver a negociar. El muro cultural, económico y político que divide a México de Estados Unidos está ahí desde el origen de ambas naciones. Nada permite pensar que va a desaparecer pero puede cambiar. Aunque para México lo importante no es lograr que nuestros vecinos del norte "no cierren del todo" su frontera, sino en-

237

frentar las causas profundas de la salida masiva de trabajadores sin documentos.

Inmigrantes, el conflicto

En vísperas del ataque de septiembre de 2001 a Nueva York y Washington por fundamentalistas islámicos, el entonces presidente Fox llevó a cabo su primera visita de Estado a la Casa Blanca. Ahí, lleno de confianza, seguro de su legitimidad democrática, pero sin sopesar bien la naturaleza de su propuesta, declaró:

> Debemos y podemos llegar a un acuerdo migratorio antes de que finalice este año, que nos permita que antes de que terminen nuestros mandatos no haya para entonces mexicanos indocumentados en Estados Unidos, y que aquellos mexicanos que ingresen a este gran país lo hagan con papeles.

Ésta fue la esencia de una política que el entonces canciller, Jorge Castañeda, llamó la "la enchilada completa". Los confiados líderes mexicanos plantearon entonces a la Casa Blanca que en menos de cuatro meses se debería lograr lo que no se había alcanzado desde 1964, año en que por falta de interés estadunidense se dejó expirar el tratado referente a los braceros. Ingenuamente se creyó que así Washington aceptaría hacer efectivo el supuesto "bono democrático" de Fox, pero no fue el caso.

En aquel 5 de septiembre, los funcionarios de Washington no recibieron bien la inesperada propuesta, aunque no se animaron a rechazarla abiertamente. Sin embargo, tras el 11

238

de septiembre, las prioridades cambiaron para Estados Unidos y el resto del mundo. México no encontró entonces ninguna fórmula para hacer que la Presidencia, el Congreso y la opinión pública estadunidenses aceptaran negociar en los términos propuestos por un país sin la prioridad que apenas unos días antes George W. Bush le había asignado al considerarlo su "relación externa más importante".

Es posible que ni siquiera un apoyo tan incondicional como el que Inglaterra, España o El Salvador dieron a la decisión estadunidense de invadir Iraq —y que incluía apoyar la posición de Washington en la ONU sobre la supuesta existencia de armas de exterminio masivo en ese país, así como enviar tropas para sostener la ocupación— le hubiera dado viabilidad a la propuesta mexicana.

De tiempo atrás se veía venir el momento en que el tema de los trabajadores indocumentados quedaría en el centro del debate interno estadunidense. Tras posponer por años la decisión, desde fines del año 2005 la clase política del país vecino se ha visto obligada a colocar en el primer lugar de su agenda doméstica el tema de los indocumentados que ya están insertados en su estructura laboral pero no en la legal.

No hace mucho, en Nueva Orleáns, la oleada de ilegales no fue vista con buenos ojos, pero los necesitaron para limpiar la ciudad y reconstruir parte de lo destruido por el huracán. No deberían estar en Oregón, pero constituyen la mitad de los 5 mil bomberos que, contratados por empresas privadas, combaten los incendios forestales en la costa del noroeste estadunidense. Son parte de los trabajadores mexicanos indocumentados en Estados Unidos. No deberían estar ahí, pero ahí están. El dilema es, en apariencia, simple: ¿se les expulsa o se les integra?

239

El qué hacer con millones de indocumentados que son funcionales a la economía, pero transgresores de la legalidad y disfuncionales dentro de la estructura social y cultural de Estados Unidos, es hoy un tema que parte en dos a la opinión pública. El compromiso es difícil y una solución clara y efectiva es casi imposible. La discusión sobre los desenlaces probables —expulsarlos, asimilarlos o una combinación de ambos— se da con fuerza lo mismo en los medios masivos de información, que en los corredores del poder, en la academia o en el seno de las iglesias. Y los argumentos que se esgrimen son tanto empíricos como éticos, legales como políticos, racionales como emocionales.

El resultado de la discusión y del choque de intereses en Estados Unidos en materia migratoria promete ser histórico —se discute la naturaleza misma de la sociedad estadunidense frente "al otro"— y va a afectar la vida de millones de personas, como ocurrió en situaciones semejantes en los dos siglos pasados. Se trata de un asunto de soberanía y el poder político que inclinará la balanza en uno u otro sentido, está, finalmente, en los votantes estadunidenses que premiarán o castigarán las posturas duras o blandas sobre regularizar o no a los integrantes de la última oleada de inmigrantes que arribó a Estados Unidos, pero que, a diferencia de la mayoría del pasado, éstos no pidieron permiso para entrar e instalarse en las márgenes de una poderosa sociedad creadora de empleo.

En efecto, aceptar o rechazar a los trabajadores extranjeros que laboran sin permiso es materia de soberanía, dilema que además ocurre en el país más soberano del mundo, puesto que puede tomar decisiones unilaterales que afectan a otros y, a la vez, impedir con relativo éxito ser afectado por decisiones tomadas por esos otros. México, en cuanto entidad política carente de poder, no está invitado ni puede invitarse a participar en la discusión sobre el destino de la gran comunidad de los mexicanos "sin papeles" al norte del Bravo. En el mejor de los casos, nuestro gobierno puede esperar ser informado y hasta escuchado, pero no puede ser un factor determinante para solucionar el drama migratorio que se está desarrollando a orillas del Potomac.

Los términos de la batalla sobre los inmigrantes indocumentados en Estados Unidos son ya más o menos claros, aunque no su resultado. Por un lado están los elementos más liberales —generalmente demócratas— que en este tema coinciden con los grandes, medianos y pequeños intereses empresariales —casi siempre republicanos— que se benefician con la presencia de mano de obra barata, abundante y dócil.

No obstante, para millones de estadunidenses los trabajadores indocumentados son transgresores de la ley y por ello no tiene legitimidad su pretensión de ser aceptados en un "país de leyes"; ninguna justificación de carácter económico es legítima frente al hecho de que el marco legal ha sido violado. Tolerar ilegalidades por razones materiales —el beneficio que trae al aparato productivo mano de obra barata y relativamente joven en la época de la competencia global y en un país en proceso de envejecimiento— es poner en entredicho un punto innegociable de la cultura de Estados Unidos: que en una nación de leyes, quien las viola no pueden ser aceptado como parte de la comunidad, pues eso cambiaría el carácter mismo del país.

No tiene hoy sentido esgrimir argumentos de justicia sustantiva, ni que hubo un tiempo en que los migrantes del norte violaron la legalidad vigente —las leyes mexicanas en Texas en la década de 1830—, ni que las leyes migratorias no

241

son divinas y se pueden cambiar. Al final, todo va a depender no del sentido de la justicia, sino de cómo se convence en uno u otro sentido a los electores y de la capacidad de los empleadores para defender su uso y abuso de la mano de obra barata.

Al final, volvemos a lo ya sabido: como mexicanos, lo importante es crear aquí el empleo que muchos buscan allá, donde los usan pero no los quieren.

242

OLEADAS POPULISTAS

A muchos les disgusta el discurso político populista, pero la responsabilidad de que ese discurso vuelva a oirse en América Latina, cada vez más, está menos en sus voceros actuales y más, mucho más, en quienes de tiempo atrás y desde el poder político y económico prepararon el caldo de cultivo en que resurgió y hoy se desarrolla.

Desde la perspectiva de la derecha, acusar a alguien de populista es otra forma de llamarle demagogo y descalificarlo de entrada. Por cierto, que el término demagogo tiene la misma origen etimológico que el concepto político que hoy más valoramos: democracia (*demos* significa pueblo; y *agogos*, conductor). Y la verdad es que en la democracia siempre puede surgir la demagogia, pero puede hacerlo con igual facilidad desde el populismo que desde el antipopulismo, de la izquierda que de la derecha. Pero volvamos al punto de partida: una discusión sobre la naturaleza histórica del populismo podría llevarnos no sólo a entender mejor su contenido, sino que se podría concluir que, en sí mismo y en el origen, el populismo no fue lo negativo que hoy se pretende. Incluso podría llegar a argumentarse que no sería dañina una cierta dosis de populismo en sociedades como la mexicana.

Los *narodniki* o populistas rusos tienen sus raíces en la

Rusia zarista de los 1840 y 1850, justo cuando ese gran pero atrasado imperio, encabezado por Nicolás I y por su sucesor, Alejandro II, intentaba compaginar la administración de un sistema casi feudal con la introducción y las disrupciones propias del capitalismo y la modernización económica. La gran masa rusa era campesina y la pobreza extrema fue la característica de la vida rural antes y después de la emancipación de los siervos. Ya que para el Estado zarista el futuro estaba en el ferrocarril y la industrialización, acabó por dejar al campo —al grueso del país— a su propia suerte y concentró sus recursos e interés en la sociedad urbana.

En esas condiciones extremas surgieron los primeros populistas. No eran campesinos, sino jóvenes citadinos, educados —parte de *la intelligentza*—, llenos de pasión por la cultura eslava y de proyectos altruistas de transformación social, con los que se proponían no sólo sacar a los campesinos —la esencia de la cultura y la nación rusas— de sus condiciones de pobreza y explotación, sino lograr que el país pasara directamente al socialismo, preservando las formas comunales de propiedad —la *obshchina*—, combinándolas con una industrialización no capitalista.

El movimiento populista ruso tuvo múltiples organizaciones y dirigentes —el más conocido es Mikhail A. Bakunin, un anarquista, cuyo conflicto con Karl Marx fue legendario y dividió a la izquierda de mediados del siglo XIX— que, pese a su dedicación y sacrificio, no logró convertir al campesinado ruso en la fuerza revolucionaria que la teoría populista suponía. La dificultad de la empresa llevó al movimiento populista —que era lo mismo político que cultural y artístico— a divisiones y a proponer la violencia selectiva contra los dirigentes políticos como el detonador de la revolución y el cambio. Así,

244

mientras unos marcharon por la vía del "populismo liberal" y legal, otros marcharon por la del "populismo revolucionario", clandestino, que en 1881 acabó con la vida del zar Alejandro II.

Los populistas rusos confiaban en la bondad intrínseca de su causa. Una de sus organizaciones, "Tierra y Libertad", encontraría eco en el México zapatista que redactó el Plan de Ayala, lo que no hubiera sorprendido mucho a sus creadores. Sin embargo, en Rusia el papel del populismo se agotó al inicio del siglo XX, justo cuando la Revolución mexicana se desató e hizo realidad la reforma agraria. Fue entonces cuando un nuevo grupo de revolucionarios que confiaban más en el proletariado que en el campesinado como fuerza revolucionaria —los bolcheviques— terminaron por adueñarse de la iniciativa de cambio radical en la vieja Rusia y su triunfo fue el final del populismo. El régimen soviético no traería grandes ventajas a un campesinado que desde hace tiempo dejó de ser punto de referencia para el futuro de Rusia.

No deja de llamar la atención que el segundo lugar donde surgió un poderoso movimiento populista haya sido en Estados Unidos. Este movimiento que cristalizaría en la Southern Alliance y que llegaría a tener una membresía de 1.2 millones, organizó básicamente a granjeros, desde Georgia hasta California, desde las Dakotas hasta Nuevo México. Fue una reacción del pequeño productor blanco y protestante a la desigualdad social provocada por el "capitalismo salvaje" que privó en Estados Unidos después de la guerra civil.

Los granjeros, y en cierta medida los obreros, que formaron y alimentaron el movimiento populista —aquí, a diferencia de Rusia, los intelectuales no tuvieron un papel destacado— consideraron que las políticas económicas de fines del siglo

245

XIX favorecían casi exclusivamente a banqueros, ferrocarrileros e industriales y empobrecían a los verdaderos productores de la riqueza de la nación: granjeros y obreros. Y los inconformes no hablaban de memoria: entre 1870 y 1890 el índice de precios de los productos agrícolas cayó 37 por ciento.

El proyecto populista estadunidense no era revolucionario, buscaba que el gobierno acuñara monedas de plata para tener mayor circulante y la cooperativa de productores era vista como el medio idóneo para defender al agricultor e incluso al obrero. La propiedad pública del ferrocarril, telégrafos y teléfonos aseguraría que éstos sirviesen al interés colectivo y no al de un puñado de especuladores. El gasto en educación era considerado como el medio apropiado para que el progreso llegara efectivamente al ciudadano promedio. Los populistas no veían con buenos ojos a los "lobbyistas" de los grandes empresarios en Washington y en cambio demandaban del gobierno ayuda para el granjero endeudado con los bancos.

El movimiento populista desconfiaba de los partidos tradicionales y por eso dio forma a un partido propio: The People's Party of the USA (PPUSA). Los populistas eran racistas, pero apoyaban el sufragio femenino y en sus filas recibieron a blancos agnósticos e iconoclastas. Pese a enfrentarse con los intereses del gran dinero, lograron elegir gobernadores en Colorado y Kansas. Para aumentar su influencia, en 1896 se unieron al Partido Demócrata para apoyar un candidato común: William Jennings Bryan, pero el costo fue diluir su programa (de todas sus demandas sólo mantuvieron la de la acuñación de la plata, cosa que al México de esos años, gran exportador de plata, le convenía). La derrota de Bryan tuvo mucho que ver con el miedo que despertaron en las clases medias y altas estadunidenses las propuestas de "locos y herejes", como fueron cali-

246

ficados los populistas por la prensa del establishment. La derrota electoral del PPUSA fue el principio del fin del populismo estadunidense, aunque la plataforma política del presidente Woodrow Wilson (La Nueva Libertad), que le llevó a la victoria en 1912, tuvo claros ecos de las quejas del populismo contra un gobierno federal al servicio de los grandes intereses económicos. Veinte años más tarde, el New Deal ("Nuevo Trato") de Franklin D. Roosevelt recogió jirones de las banderas populistas.

Al final, los dos populismos originales fracasaron en su intento por remodelar sus respectivas sociedades. El ruso fue combatido a muerte por el zarismo y, finalmente, rebasado por la izquierda bolchevique; el estadunidense fue víctima del miedo de la clase media y alta y de la cooptación por los "progresistas" del Partido Demócrata. Sin embargo, el discurso de ambos populismos, con su fuerte carga moral, sigue resonando en esta época donde un nuevo "capitalismo salvaje", el ligado a la globalización, a los imperativos del mercado y protegido por gobiernos serviles a los poderes de facto —bancos, monopolios de todo tipo y especuladores—, ha creado de nuevo las condiciones para que sea reformulado y vuelva a ser escuchado por las víctimas de una modernidad selectiva e injusta.

En fin, el populismo nació en la izquierda y como una reacción un tanto romántica y desesperada a un tipo de economía ferozmente concentradora de riqueza y privilegios. En la medida en que condiciones similares se dan hoy en América Latina en general y en México en particular, a nadie debería asombrar que al inicio del siglo XXI, la llama populista vuelva a prender en el subcontinente.

CHINA, EL NUEVO GIGANTE ROJO

Avances, perspectivas y amenazas del socialismo de mercado

Hoy China es nuestro gran competidor en el mercado global en general y en el estadunidense en particular. Nuestro lugar y éxito en la economía mundial dependen de un correcto diseño de la política hacia y en referencia a ese país de mil 600 millones de habitantes. Entre las cosas que nos permitirán enfrentar, tanto el desafío como la oportunidad que hoy representa China, está desarrollar en México las instituciones y expertos que nos permitan conocer al detalle las políticas de esa gran potencia emergente y prever sus efectos positivos y negativos sobre nuestros propios objetivos.

A estas alturas ya no es difícil interpretar los datos disponibles en el mismo sentido que Oded Shenkar: el que se acaba de iniciar será "el siglo de China".[1] Por sus dimensiones y su proyecto nacional, lo que China haga o deje de hacer va a afectar al sistema mundial en su conjunto. Conocer y estudiar sistemáticamente a China no es una opción para México, es una necesidad prioritaria.

Nuestro lugar y éxito en la economía mundial dependen —y van a depender cada vez más— de un correcto diseño de la política hacia y en referencia a ese país, que desde hace un decenio crece a un ritmo imposible para México: 9.5% per cápita anual.

La combinación de una historia y una demografía enormes ha hecho de China un modelo de desarrollo que, cuando menos, se puede calificar de peculiar. Hoy, ese país cuenta con un sector productivo muy moderno, tanto que tiene un programa espacial y está planeando el lanzamiento de una estación espacial y un programa de exploración en Marte. Por otro lado, también posee un mar de mano de obra expoliada, pero que usa tecnologías de punta. De esta manera, China tiene ya la capacidad de competir en el mercado mundial con productos industriales ya no siempre copiados y muy baratos, a la vez que empieza a ofrecer cada vez más bienes de consumo relativamente complejos —televisores planos o automóviles— donde el costo de la mano de obra es secundario, pues las prestaciones sociales al trabajador son, de hecho, desconocidas. China puede ya rivalizar con líneas de producción de países como México; es el caso de los textiles, pero también competir con empresas nacidas y afincadas en los países más desarrollados y con alta tecnología. Y en ambos frentes los herederos del viejo Reino del Medio están ganando la batalla del siglo XXI.

La gira en 2005 del premier Hu Jintao a varios países latinoamericanos, especialmente a Brasil, tuvo por objetivo no sólo visitar a los competidores, sino preparar el terreno para una colaboración futura con ellos, donde el intercambio comercial puede combinarse con inversiones directas en ámbitos como la producción de acero o de combustible, materias primas que China demanda cada vez más en grandes cantidades. El país asiático es un competidor, pero también un mercado creciente y un socio potencial.

249

México debe considerar que China está decidida a recuperar el respeto de la comunidad internacional —mismo que perdió como resultado de las humillaciones sufridas a manos de las potencias imperialistas occidentales en los dos siglos pasados— y para ello busca colocarse no sólo como un gran productor de bienes, sino como una gran potencia militar. Históricamente, el imperio chino no desarrolló una política imperialista; en esas condiciones una relación política más estrecha con Beijin puede ser de gran interés para un México siempre necesitado de balancear la pesada influencia de su poderoso vecino del norte.

Hace años el liderazgo mexicano confió demasiado en las bondades del Tratado de Libre Comercio de la América del Norte (TLCAN) para garantizar un nicho privilegiado a las manufacturas mexicanas en Estados Unidos. Se confió demasiado en la cercanía con el mayor mercado del mundo y se desestimó la competencia de la lejana China. Fue un error.

Las cifras ponen el ingreso nominal per cápita en China como un sexto del de México; sin embargo, medido en términos de poder de compra, resulta que la diferencia es menor: apenas un tercio del nuestro. Además, la dinámica del desarrollo chino tiende a acortar la distancia rápidamente. A estas alturas, la demografía de China —trece veces la de México— ha puesto fin a casi todas las ventajas que alguna vez nuestro país llegó a suponer que tenía frente al competidor asiático. De acuerdo con los datos de Shenkar, la proximidad de nuestro país al mercado estadunidense, sólo da a los exportadores mexicanos una ventaja sobre los chinos equivalente a 5%.[2] Pese al TLCAN, en agosto de 2002, China sobrepasó a nuestro país como exportador al mercado estadunidense. Y si bien México mantiene ventaja en productos como automóviles o componentes de equipos de computación, la brecha se va cerrando. En el ramo de los textiles —un mercado de 350 mil millones de dólares— la ventaja ya se perdió al parecer de manera irremediable.

El "factor chino" tiene aún mucho de incógnita, pues su desarrollo económico quizá no pudiera mantenerse al paso acelerado actual. Sus problemas internos son tan descomunales como sus logros y tamaño. China se ha volcado a los modos capitalistas de producción sin abandonar su estructura política de país autoritario, de país de un solo partido. Allá está funcionando el diseño que en México le falló a Carlos Salinas: el de privatizar, abrir el país a la competencia y a la inversión internacionales, sin que esa liberalización económica debía ir acompañada de una auténtica reforma política democrática.

China se propone mantener el sistema construido a partir del triunfo del Partido Comunista Chino (PCCh) en octubre de 1949, sin embargo, su estructura social está cambiando velozmente como resultado de su decisión de adaptarse a las exigencias del mercado y alguien está teniendo que pagar por ello. Y ese alguien, además de la ecología, son los campesinos y los pobres en general. China cada vez se parece más a México en la desigualdad y brutalidad de su estructura social y en su corrupción. El descontento de los millones de perdedores que no tienen forma política institucional y pacífica de expresarse, bien podría conducir a la inestabilidad. Sin embargo, el cálculo mexicano sobre cómo hacer frente al "factor chino" no debe basarse en sus debilidades latentes, sino en lo opuesto, y suponer que en el futuro inmediato el liderazgo del PCCh podrá mantener su control monopólico y llevar adelante su agresivo proyecto de transformación económica.

Ese proyecto, cuya meta es restaurar el estatus históri-

251

co de China como gran poder, contempla, entre otras cosas, una gran inversión en educación, ciencia y tecnología. Tras el desastre educativo que fue la Revolución cultural (1966-1976), China ha vuelto a su tradicional aprecio por la educación superior como elemento fundamental del proyecto nacional. Hoy Beijin no sólo mantiene una política de apoyo sistemático a sus cien mejores universidades e institutos, sino que ha hecho un gran esfuerzo en ligar la educación superior a su proyecto económico y a la internacionalización. Según la National Science Foundation de Estados Unidos, entre 1986 y 1998, 21 estudiantes chinos lograron obtener un doctorado en ciencias e ingeniería en universidades estadunidenses, pero en la actualidad hay más de 65 mil estudiantes de esa nacionalidad que, sumados a los de Hong Kong y Taiwán, superan los 100 mil. Y el programa de repatriación de científicos está dando resultado. En teoría, México debería estar siguiendo una política similar, pero en la realidad nuestra política educativa es un área de promesas celosamente incumplidas.

Un frente inesperado para México de la competencia China está en esa área que hoy nos es crucial: el empleo de mano de obra mexicana documentada e indocumentada en Estados Unidos y que implica para nuestro país recibir unos 15 mil millones de dólares al año por concepto de remesas. Con la migración creciente de plantas industriales de Estados Unidos a China, en el futuro habrá una menor demanda de mano de obra barata por parte de la economía estadunidense —pronto la competencia china borrará medio millón de trabajos en la industria textil en Estados Unidos—, y entonces disminuirán las oportunidades para los trabajadores mexicanos al norte del Bravo.[3]

El impacto del crecimiento de China en la economía

y en la distribución global del poder se está dejando sentir en todo el sistema mundial. En Estados Unidos y en Europa ya se tiene plena conciencia del problema; Brasil aparentemente tiene ya una política hacia China, pero en nuestro país la clase dirigente está inmersa en sus pugnas y alharacas internas, y no cuenta con un proyecto nacional definido. Por tanto no está tomando providencias para enfrentar con éxito el desafío presentado por el "factor asiático". Hoy, cuando el momento histórico corre con más rapidez, también el precio del tiempo perdido se pagará más alto que nunca.

Al morir, en 1976, el premier chino Zhou Enlai —ejemplo de revolucionario con sentido común— dejó un testamento donde señalaba que una vez arraigada la revolución, su país debería llevar a cabo cuatro grandes modernizaciones: la agrícola, la industrial, la militar y la de la ciencia y tecnología. El consejo no pudo ser mejor: sólo quemando etapas un país pobre y atrasado como China —o como México— puede aspirar a salir del círculo vicioso en que lo metió la historia. Y la arena donde deben concentrarse voluntad, recursos y aceleración máxima es aquella donde descansa el dominio de los países centrales: la del conocimiento científico.

Lo normal es que los países ricos le quiten a los países pobres los pocos grandes científicos que logran tener. Así, Mario Molina, el único premio Nobel mexicano en ciencias, tiene su base de investigación en Estados Unidos. Cuando hay voluntad política, puede suceder lo contrario: la Universidad de Qinghua, cerca de Beijin, arrebató a Princeton a Andrew Chi Chih Yao, uno de los científicos más importantes en materia de cómputo. Para lograrlo le ofreció al profesor de 58 años un muy buen salario, una buena casa, un buen laboratorio y un equipo de estudiantes graduados para que trabajen con él y formen una masa crítica.[4] En México se podría intentar lo mismo con Molina y con otros científicos de calidad aunque menos famosos, pero todo indica que no hay la visión a futuro ni la voluntad política para hacerlo.

El "gran salto adelante" que el país debió haber dado hace tiempo es el de una revolución cualitativa en el sistema de educación y una inversión sustantiva y selectiva en ciencia y tecnología, áreas que permitan explotar el mercado de servicios y bienes con alto valor agregado. Sin una formación acelerada de capital humano, no lograremos recuperar el dinamismo económico que alguna vez permitió, cuatro decenios atrás, un crecimiento per cápita nueve veces mayor al del sexenio foxista.

Si el lector echa un vistazo comparativo a las puras cifras, pareciera que México realmente no está tan mal en materia de educación. En el Libro del Año de 2005, la *Enciclopedia Británica* señala que nuestro producto per cápita ajustado según el poder de compra (PPP) es más del doble que el chino y que también es doble la proporción del PIB que el país dedica a la educación. En este último indicador, nuestro país no está muy lejos de Estados Unidos, aunque es claro que en esa materia hay otros que nos sobrepasan así como a nuestro vecino del norte.

El problema no es la cantidad sino la calidad. Los indicadores publicados por la OCDE en relación con la calidad de nuestro sistema educativo muestran que en ese campo estamos en el penúltimo lugar.[5] Hilando más fino, encontramos que la relación de estudiantes por profesor en educación superior es mejor en China que en México, pues el esfuerzo en ese país se está concentrando en la parte más sofisticada de la transmisión y creación del conocimiento. Además, ahí entra en juego ese factor que hace que un país con más de mil 300 millones de habitantes le lleve ventaja a cualquier otro. Pese a lo modesto de su ingreso per cápita, China duplica el número de estudiantes que México tiene en instituciones de educación superior y una buena parte de ellos está preparándose fuera —40% de los profesores de la Universidad de Beijin tienen estudios en el extranjero, en particular en Estados Unidos— o en universidades locales de excelencia. En realidad hay cuatro veces más estudiantes graduados en el área de ingeniería en China que en Estados Unidos. Sólo en ingeniería, China produce cada año 442 mil profesionales, 48 mil maestros y 8 mil doctores. En el 2003 China invirtió 10 mil millones de dólares en su educación superior.[6] China está deliberadamente creando una elite del conocimiento que se aleja mucho del ciudadano promedio —el ideal comunista de igualdad hace tiempo que es historia pasada—, pero que ya se acerca mucho a los mejores talentos de los países que están en la punta del desarrollo del conocimiento.

En el pasado, China, como en su momento Japón, se dedicó a copiar los productos desarrollados en los países más adelantados, pero hoy ya no es necesariamente ése el caso. En biotecnología la investigación china tiene ya áreas de punta.

En China el consejo de Zhou Enlai sobre la modernización tecnológica se está siguiendo al pie de la letra y con gran éxito. México también podría seguir ese camino y con una ventaja sobre nuestro gran competidor asiático: que aquí la vida académica se puede desarrollar con mucho mayor libertad, elemento esencial para lograr la excelencia de las grandes universidades y centros de investigación. Se puede alegar que faltan recursos, pero con voluntad se pueden encontrar, pues México tiene reservas por 60 mil millones de dólares que no están sirviendo para nada productivo (el guardarlas incluso está costando), si PEMEX se cuida de que no le roben combustible, tendría un ahorro de 12 mil millones de pesos, a los que se pueden añadir un par y medio de miles de millones de pesos más si se recorta a la mitad el subsidio a los partidos.

En conclusión, lo que hace falta a México, y con urgencia, no son mercados, sino la voluntad e inteligencia para aprovechar los que ya tenemos. Una gran inversión en educación y ciencia de alta calidad es una de las mejores soluciones de cara al futuro inmediato y, sobre todo, al de largo plazo.

Hace un siglo la imagen de los chinos en México era negativa en extremo. Muchos mexicanos de entonces se permitieron mostrar un sentido de superioridad frente a los asiáticos. Hoy la situación es otra, y ante eso que los chinos llaman "la restauración" del lugar que les corresponde en el orden mundial, México ha reaccionado con una mezcla de sorpresa, admiración y temor, pero sin tomar las medidas que debiera para que ese proceso no signifique otro golpe a nuestro tentaleante proyecto nacional.

China ya desbancó a México como proveedor privilegiado de Estados Unidos, posición que por un momento supusimos nuestra tras la firma del Tratado de Libre Comercio de la América del Norte (TLCAN). Y si los dirigentes mexicanos siguen sin tomar medidas de fondo en materia de educación en general, y de ciencia y tecnología en particular, nuestro espacio en la globalización se reducirá aún más.

256

LOS FUNDAMENTALISMOS

El islam contra Occidente o viceversa

En la coyuntura actual, cuando el gobierno estadunidense parece haber estado dominado por un grupo obsesionado por las ideas y los intereses de una derecha agresiva e impregnada de un sentido religioso de misión, el estudio de su mensaje puede ser un ejercicio interesante y práctico. Desde nuestra perspectiva e interés nacional, se puede o no estar de acuerdo con el proyecto elaborado en las altas esferas de Washington, pero en ningún caso se puede ignorar ni aceptar, en sus propios términos, so pena de pagar un precio mayor al necesario.

No hace mucho que se puso en el tapete de la discusión el peligro que significa la aparición del discurso mesiánico en la escena política nacional, pues por definición simplifica en extremo el diagnóstico de la época y la naturaleza de los problemas y al confrontarse con la realidad terminan por ser rosarios de falsas promesas. Ahora bien, el peligro del fenómeno señalado aumenta de manera exponencial cuando éste ocurre en el contexto del proyecto internacional del país más poderoso del mundo. El discurso que pronunció George W. Bush el 20 de enero de 2005 en las escaleras del Capitolio de Washington, en la ceremonia de inauguración de su segundo periodo presidencial, es una pieza oratoria que no puede evitar ser calificada de mesiánica, con todo lo que ello implica para el resto del mundo.

Antes de seguir adelante, conviene definir qué se entiende por *mesiánico* en el contexto político. Se trata de un tipo de líder que dice tener una misión que no es mera rutina, sino que, su esencia, es de importancia histórica, es decir, que el propósito de su acción es dejar una huella indeleble en el curso de los acontecimientos humanos. Ahora bien, un requisito para poder dejar tal marca es el abandono de las dudas y medias tintas para enfrentar a la insatisfactoria realidad con el espíritu de un cruzado, es decir, con la agresividad del convencido de que se tiene la razón y que de su lado está Dios o una fuerza similar.

El dominio, el imperio, siempre ha tenido su asiento más sólido, y su razón última de ser, en la fuerza. Sin embargo, por sí misma, la fuerza nunca ha sido suficiente para sostener en el largo plazo el dominio de los pocos sobre los muchos. Un señorío exitoso también requiere de una justificación intelectual, de una razón moral que legitime la imposición de la voluntad de unos hombres y naciones sobre otros. Y lo que caracteriza el documento leído por el presidente de Estados Unidos en el momento de iniciar la renovación de su mandato es la justificación de la invasión de Iraq, no sólo por convenir así al interés de Estados Unidos, sino como resultado de una misión trascendente: la expansión de la libertad a una escala nunca antes intentada.

Desde el otro extremo del espectro de la distribución del poder mundial, donde se encuentran México, América Latina y una buena parte del mundo sin poder, es importante

258

descifrar cuál es el significado real del mensaje que llega del norte.

El discurso es sólo un indicador, y no necesariamente el más adecuado, para entender y prever consecuencias de las políticas externas de un país poderoso. La pieza oratoria con que se inauguró el segundo periodo de George W. Bush fue breve —veintiún minutos— pero no tiene desperdicio. El compromiso que ahí estableció el presidente fue inequívoco y, tomado al pie de la letra, monumental. Su conclusión resultó grandilocuente:

> En este siglo que aún es joven, América [Estados Unidos] proclama en todo el mundo la libertad y, por tanto, la de todos sus habitantes. Hemos sido puestos a prueba pero no estamos fatigados, y renovados en nuestra fortaleza, estamos listos para [emprender] los más grandes logros en la historia de la libertad [...] la política de Estados Unidos va a ser la de apoyar hasta lograr el desarrollo de los movimientos y las instituciones democráticas en cada nación y en cada cultura, su objetivo último es poner fin a la tiranía en nuestro mundo.

Frente a tamaño desafío, los proyectos de Woodrow Wilson o Franklin D. Roosevelt en las dos guerras mundiales del siglo pasado quedan reducidos a tímidos proyectos de valor anecdótico.

La historia universal del poder bien puede ser escrita como una larga sucesión de tiranías, no siempre en el mismo lugar, ni de la misma naturaleza, pero en ningún periodo del proceso histórico faltan evidencias de la existencia de lo que se consideró, en los propios estándares de cada época, una forma tiránica de ejercer el poder. Desde esta perspectiva, lo

259

que George W. Bush se propuso hacer resulta una tarea jamás intentada por nadie en la escala que acaba de asegurar un personaje que, en su juventud, fuera un estudiante sin brillo y más tarde un hombre de negocios sin éxitos reales; gobernador de Texas más por razones familiares que por méritos propios y que apenas cuatro años antes ganó la Presidencia en unas elecciones muy cuestionadas en las que no logró la mayoría del voto popular. Sin embargo, debido a la forma como ese personaje manejó lo inesperado —el atentado del 11 de septiembre de 2001 en Nueva York y Washington—, se transformó a ojos de poco más de la mitad de sus compatriotas de un político anodino en un estadista de muy altos vuelos. Ahora bien, examinando con cuidado la letra del documento inaugural, se descubre que el meollo de la magna propuesta está en las definiciones. En efecto, el presidente estadunidense aseguró: "América no impondrá su propio estilo de gobierno sobre aquellos que no lo deseen. Nuestro objetivo es ayudar a otros a encontrar su propia voz, a lograr su propia libertad, a trazar su propio camino". De esta manera, y al final de cuentas, lo que a los ojos de algunos pudiera aparecer como una de las muchas formas que hoy asume la antidemocracia, el gobierno de George W. Bush lo podría calificar, si así le conviniera, como "la propia voz" o "su propio camino" y declarar que ahí no hay ningún entuerto que resolver, que todo está en orden. Obviamente, y por la misma razón, también puede acontecer lo contrario: que un sistema de gobierno pudiera ser visto como aceptable por el grueso de sus ciudadanos pero no por Washington, y que entonces sea caracterizado como una fuerza que ahoga la genuina voz del pueblo, que le impide buscar su "propio camino" y que, por tanto, puede y debe ser objeto legítimo de presiones o de acción directa.

260

¿Con qué derecho o razón, además de la fuerza, el gobierno estadunidense se asigna a sí mismo la tarea de Hércules de hacer del mundo un sitio libre de tiranías y donde impere la libertad según su propia definición? La cuestión tiene una doble respuesta. Por un lado, y según el presidente Bush, porque está en la esencia misma de Estados Unidos luchar por la libertad, pues "[a] través de las generaciones, hemos proclamado el imperativo de la autodeterminación, ya que nadie fue designado para ser amo ni nadie merece ser esclavo". Sin embargo, al lado de esta búsqueda del ideal, hay algo muy práctico: "En tanto algunas regiones del mundo estén envueltas por la tiranía y el resentimiento —lo que las hace presas de ideologías que alimentan el odio y justifican el asesinato— la violencia... será una amenaza mortal". Desde esta última perspectiva, eliminar la tiranía y fomentar la libertad le dará a Estados Unidos un entorno seguro, dominado por la decencia y la tolerancia.

En el contexto del discurso que buscaba ser la inauguración del siglo neoconservador estadunidense, quedó claro que la invasión de Iraq se justificaba por un hecho objetivo: la innegable naturaleza tiránica del régimen depuesto, y no como se anunció originalmente, porque ese país poseyera armas de destrucción masiva listas para ser lanzadas en "45 minutos", según la famosa afirmación del primer ministro Tony Blair, el ordenanza británico del presidente Bush.

En la agenda actual del mandatario estadunidense y los suyos —el núcleo duro que ocupa la vicepresidencia, el Pentágono y el Departamento de Estado—, las tiranías que deben ser objeto de presión y, llegado el momento, de acción directa son, principalmente, las que dominan a Irán y a Corea del Norte, pero también están Birmania o Cuba, Zimbabwe o Bielorrusia y, en un descuido, la "Revolución bolivariana" de la

261

Venezuela petrolera. Dada la magnitud de los problemas encontrados en la ocupación y reconstrucción de Iraq, una mente fría podría suponer que Estados Unidos no está hoy en condiciones de emprender una nueva acción violenta en otra parte, pero resulta que el deseo de la Casa Blanca por remodelar el Medio Oriente —la gran fuente de petróleo— es de tal magnitud que, a menos que hubiera una improbable capitulación abierta de los ayatolas de Irán en los términos de la efectuada por el gobierno de Kadafi en Libia, más temprano que tarde se podrían ver envueltos en una confrontación armada directa o encubierta con Estados Unidos.[1]

Estados Unidos puede insistir en una política de confrontación con el adversario designado —Irán, por ejemplo— pero difícilmente podrá mantener la coherencia de su discurso. En efecto, bajo cualquier definición, resulta que si el enemigo global es la tiranía, entonces se deberá buscar poner fin no a un puñado de regímenes sino, al menos, a ¡cuarenta y nueve! Y es que si tomamos la última clasificación elaborada por Freedom House (FH), resulta que en 2004 35% de la humanidad vive encuadrada en sistemas donde no existe la libertad política. Si además se añaden los 55 países definidos por FH como parcialmente libres, entonces la tarea que se impuso Washington significa dedicarse a modificar las condiciones políticas de 56% de la humanidad. Desde esta perspectiva, Washington debe presionar o actuar sobre 60% de los países con mayorías musulmanas —incluidos aliados como Arabia Saudita, Brunei, así como Pakistán o Qatar—, pero también deberá proceder igual con China y ser muy duro lo mismo con Rusia, Bangladesh, Laos o Costa de Marfil.[2]

Fuera de Estados Unidos, la ambiciosa agenda internacional delineada por George W. Bush fue recibida con fundado escepticismo. Hasta hoy, la historia de la política exterior de Estados Unidos demuestra que si bien sus relaciones con las democracias han sido relativamente armónicas, también, cuando ha convenido a sus intereses, ha mantenido estupendas relaciones con sistemas no democráticos. Y no necesitamos ir muy lejos para demostrar esto último, basta para comprobarlo proceder a examinar la relación muy funcional y armónica entre Washington a partir del final del gobierno de Calvin Coolidge y el régimen autoritario mexicano del siglo XX.

En 2005, precedida de su fama de representante de la derecha dura, Condoleezza Rice hizo una "visita de cortesía" a México. Un par de días antes, el presidente George Bush reafirmó con vehemencia en la National Defense University la legitimidad de su decisión de llevar la lucha contra el terrorismo y en defensa de la libertad a los cuatro puntos cardinales del planeta: "Atacaremos al enemigo, levantaremos la sombra del miedo y encabezaremos hacia la victoria a las naciones libres". Y en el intenso proceso de justificar su intervención en Iraq, Bush sostuvo una tesis que o bien era falsa, o Washington la ignoró en el caso de México durante los 71 años en que el PRI monopolizó el poder: que las democracias deben combatir a los sistemas autoritarios porque sus políticas propician directa o indirectamente la inestabilidad en el sistema internacional. Desde el acuerdo Calles-Morrow a fines de la década de los veinte y hasta el año 2000, Washington apoyó al autoritarismo priísta porque ese tipo de régimen propiciaba la estabilidad que Estados Unidos deseaba al sur de su frontera.

Pero dejemos a un lado esas consideraciones y usemos la coyuntura para examinar las tesis de una obra británica que explica la política mundial estadunidense a través del cristal del nacionalismo.[3]

    ¿Cuál es el elemento de cultura política nacional en que los estadunidenses se asemejan a los mexicanos? Pues ¡justamente en el sentimiento nacionalista! Según una encuesta mundial de 1999, en México 78% dijeron sentirse orgullosos de su país y 72% de los estadunidenses dieron la misma respuesta. Para Lieven esta gran visión de la nación propia es un indicador esperado en el caso de México, pero inquietante en el de Estados Unidos.[4] Al examinar al conjunto de la comunidad internacional, se observa que en el resto de los países que han alcanzado un desarrollo económico y social similar al estadunidense —los grandes países europeos, por ejemplo— los índices de orgullo nacional son menores, pues en Gran Bretaña bajan a 53% y apenas si llegan a 35% en Francia. Otra manera de medir el fenómeno la ofrece una encuesta de 2003; a la afirmación "nuestra cultura es superior a las otras" sólo 30% de los franceses se atrevieron a dar una respuesta afirmativa, pero la proporción de estadunidenses fue del doble.

    Lieven encuentra natural la existencia de un alto grado de espíritu nacionalista en países como México, Filipinas o la India, donde ese sentimiento ayuda a neutralizar otro de inseguridad e incluso de inferioridad, producto de las derrotas y otras experiencias negativas en su relación con las potencias imperiales que las sometieron y humillaron en el pasado. Sin embargo, en Estados Unidos ese mismo fenómeno puede ser peligroso, pues es disfuncional para la política hegemónica que ha llevado a cabo esta superpotencia. Ahí, los elementos de chauvinismo y agresividad nacionalista pueden salirse de control y llevar al sistema internacional a situaciones indeseables.

    Según este autor, para encontrar en Europa una combinación de alto grado de desarrollo económico con actitudes de "nacionalismo duro" similares a las que hoy muestra Estados Unidos, hay que retroceder un siglo. Más grave aún, esa combinación de superioridad material real y la sensación de una superioridad cultural nacional fue lo que, en buena medida, desembocó en las dos guerras mundiales del siglo XX. Así, el tipo de nacionalismo que en la actualidad es el motor de la política exterior de Washington tiene el potencial de conducirnos a todos a situaciones comprometidas.

Desde esta perspectiva, la baja intensidad del actual nacionalismo europeo es un buen signo, pues apunta a una asimilación positiva de las lecciones del pasado. Hoy, Europa acepta que, por encima de los supuestos "valores nacionales", hay otros más importantes que no reconocen fronteras y que son los que están permitiendo construir esa novedosa y atractiva sociedad multinacional que es la Unión Europea, empresa que busca combinar la prosperidad material con la convivencia civilizada.

Para Lieven, la agudización de la polarización política y social en el interior de la mayor potencia mundial es uno de los factores que influyen en la construcción de su actual y agresiva política exterior. Que Estados Unidos es un imperio mundial es algo que puede o no gustar, pero es un hecho incontrovertible. Ahora bien, la clase de imperio que Estados Unidos construya en el siglo XXI va a depender, en parte, del tipo de sociedad y de intereses en que se apoye. Y aquí está el meollo del problema: Estados Unidos es una sociedad donde conviven y se contraponen dos subsistemas sociales y culturales muy distintos: uno es de lo más tradicional y el otro de lo más moderno y el rejuego entre ambos determina en alto grado la naturaleza de la actual pax americana.

Como señalara el psicoanalista germano-estadunidense Erik Erikson en 1963: "todo carácter nacional está construido en torno a polaridades". Y desde hace buen tiempo —casi

265

desde su origen—, a Estados Unidos se le puede interpretar como una nación construida por dos sociedades no siempre compatibles, pero que están obligadas a convivir y a mantener una constante y no muy fácil interacción. Una se distingue por su carácter abierto, generoso y confiado; y otra, por ser cerrada, dogmática, algo mezquina y muy desconfiada.

Los Estados Unidos de avanzada, los auténticamente revolucionarios políticos, son los que han desarrollado eso que se conoce como el "credo cívico estadunidense", su ideología y mito político central. Y aquí el concepto de "credo" viene al caso, porque se trata de una serie de ideas y principios que han tomado y asimilado a lo largo de su historia con un fervor casi religioso. Se trata de los famosos principios enunciados por los padres fundadores al final del siglo XVIII y que representan su ideología política: fe en la libertad, constitucionalismo, supremacía de la ley, democracia, individualismo, separación de la Iglesia y el Estado e igualitarismo político y cultural, aunque no económico, pues la práctica de un capitalismo feroz lo impide y deslegitima. El origen de este credo político se encuentra en la Inglaterra medieval y de los Tudor, pero se desarrolló de manera notable al trasladarse a tierras americanas y al que, con el correr de los siglos, más una feroz guerra civil, se le han agregado la tolerancia racial y la igualdad de género.

Combinando los principios ideológicos y su éxito como entidad nacional, los estadunidenses han quedado convencidos de la defensa de unos principios éticamente impecables: "Estados Unidos no tiene una ideología, sino que es en sí mismo una ideología".[5] Ello los ha convertido en un país que se siente virtuoso, con una especie de misión divina que cumplir: convertir al resto del mundo a su credo, aunque más bien se trataría de una conversión por vía del ejemplo, no de la fuerza.

Fuera de sus fronteras, el credo cívico estadunidense es, en términos generales, positivo, pero sus evidentes elementos de mesianismo pueden desembocar en conductas dogmáticas e imperiales, como es hoy el caso, pues todo aquel que no acepte como positiva esta ideología resulta ser, desde su punto de vista y por definición, malo o moralmente inferior. Con todo, lo hasta aquí apuntado no resulta ser el problema principal del nacionalismo estadunidense, hay otro mayor.

Si incluso el lado brillante de este nacionalismo tiene su aspecto oscuro —su mesianismo imperialista— más lo tiene su antítesis: las actitudes e ideas que provienen del atraso, la pobreza y la ignorancia de una buena parte de esa población, esa que ha quedado excluida del "sueño americano" y que hoy sobrevive en medio de crecientes inseguridades económicas y frustraciones. Se trata de una visión conservadora en extremo, antiintelectual y antiinmigrante.

El punto de partida es claro para Lieven: "el nacionalismo radical puede tener muchos padres, pero su madre es siempre la derrota, y a su leche le llamamos humillación".[6] Según nuestro autor, muchos datos duros así lo confirman. Si el ingreso medio familiar creció, en promedio, 40% en los decenios de 1950 y 1960, su crecimiento promedio en los tres finales del siglo XX ha sido de apenas 7%. La riqueza no se ha distribuido con equidad, sino que se ha concentrado: si en 1969, 5%, el sector más rico de las familias estadunidenses, recibía 15.6% del ingreso disponible, para 1996 la proporción aumentó a 20.3% y la tendencia seguía en el mismo sentido. Las clases medias estaban en aprietos y las trabajadoras aún más. La "economía moral" de Estados Unidos estaba en entredicho, pues para muchos un trabajo duro y honesto no asegura en la actualidad la "buena vida" que se suponía.

267

A la inseguridad económica y social se le añade otra: la inseguridad nacional. Antes de Pearl Harbor, el aislamiento continental dio a los estadunidenses, como país, un fuerte sentido de seguridad. La amenaza soviética de la guerra fría acabó con tal seguridad, pero no desembocó en un ataque directo a su territorio. Sin embargo, los hechos del 11 de septiembre de 2001 mostraron que Estados Unidos, como cualquier otro país, ya es vulnerable a sus enemigos externos, y eso produjo un sentimiento generalizado de ansiedad.

La combinación de inseguridad económica con inseguridad territorial ha terminado por sacar y dejar libres a muchos de los demonios que hasta hace poco se mantenían bajo control en el espíritu colectivo estadunidense. Hoy, a pesar de ser parte de una potencia sin rival, muchos en Estados Unidos se sienten amenazados por el extremismo islámico, por la migración proveniente de países racial y culturalmente distintos —véanse, por ejemplo, las tesis del profesor Samuel P. Huntington en torno al amago que representan los latinos para los valores que han hecho grande a Estados Unidos—, por su dependencia del petróleo extranjero, etcétera. Todo esto, combinado con un sentido religioso muy conservador, ha llevado a un número creciente de estadunidenses a buscar un supuesto retorno a las formas de vida "puras" del pasado, a temer y rechazar al mundo externo que las políticas económicas y la diplomacia de Estados Unidos han contribuido a crear en el último siglo. Se trata, pues, de un nacionalismo tan agrio como agresivo y chauvinista. Datos de 2002 revelan que 64% de los estadunidenses se sentían a la defensiva, pues "nuestra forma de vida necesita ser protegida de la influencia extranjera" (no deja de ser irónico que los islamistas radicales sostienen lo mismo frente a la cultura estadunidense).

Aunque se ha señalado que la izquierda está avanzando en América Latina (Venezuela, Chile, Brasil, Argentina, Uruguay, Bolivia, Nicaragua) lo que se advierte es algo distinto: quien por ahora lleva la iniciativa, quien acomete tanto desde el interior como el exterior, es la derecha. Para una sociedad como la mexicana, que vive al lado y es cada vez más dependiente de Estados Unidos, la influencia política más directa y fuerte proviene del norte, de ahí que sea nuestra obligación explorar la naturaleza de esa gran influencia en todos los órdenes, incluyendo, desde luego, el ideológico.

El asiento geopolítico de la derecha con proyección universal está en Washington, el resto de las derechas, en particular las europeas y, desde luego la mexicana, marchan más o menos al paso que marca el gran tambor de la Casa Blanca. El fenómeno no es nuevo —data de la guerra fría—, pero hoy es mucho más contundente. El grupo de especialistas en defensa y política exterior que ha rodeado al presidente George W. Bush, y al que pertenecían quienes encabezaban el Pentágono, el Departamento de Estado, la Consejería de Seguridad Nacional y el Banco Mundial, estaba formado por personajes identificados no sólo con el pensamiento conservador, sino con la derecha dura y militante. A ese núcleo férreo de responsables políticos le aportaba ideas un grupo más amplio de teóricos e intelectuales muy sofisticados, como George Will, William Kristol, William Safire o Robert Novak, entre otros.

Sin embargo, esa derecha cosmopolita que encabezaba la guerra global contra el terrorismo y por la remodelación del Medio Oriente y del orden mundial tiene una base social y electoral que, en términos intelectuales, es su antítesis. En efecto, la llamada "derecha cristiana", es decir, los fundamentalistas evangélicos y los católicos conservadores, son millones de ciudadanos pertenecientes a las clases medias y trabajadoras, que votaron por el Partido Republicano y cuya visión del mundo es reaccionaria, sorprendentemente provinciana y muy agresiva. La "gran visión" de lo que se puede llamar la derecha popular estadunidense no podría ser tomada en serio a no ser por el hecho de que sus actitudes sostienen a aquellos que disponen del arsenal más poderoso del mundo.

El que la visión política interna e internacional de la única superpotencia mundial esté ligada a una base electoral intelectualmente muy pobre y parroquial, pero muy militante y con una convicción muy fuerte, es hoy un problema no sólo para Estados Unidos, sino, sobre todo, para aquellos que estamos sujetos a la influencia de la superpotencia y que, en mayor o menor medida, hoy somos el resto de la humanidad.

El fenómeno de una elite política con calificaciones intelectuales más o menos altas, pero cuyo apoyo político está asentado en grupos intelectual y socialmente atrasados, no es privativo de Estados Unidos ni de esta época. En el México de mediados del siglo XIX, por ejemplo, la derecha y la izquierda —conservadores y liberales— tenían entre sus líderes a personajes tan bien preparados y conocedores de lo que ocurría en el ancho mundo como Lucas Alamán o José María Luis Mora. Pero el grueso de quienes los apoyaban o en quienes se apoyaban tenía poco o nada que hacer en el campo de las grandes ideas de la época.

Lo preocupante del caso estadunidense actual es que sus líderes tienen poderes y responsabilidades mundiales, pero los límites que el sistema democrático puede imponer a su ejercicio de poder son mucho menores de lo que sería deseable, justamente porque un grupo importante de los electores tiene una idea poco informada del mundo que les rodea. Las ideas religiosas que guían sus juicios sobre el bien y el mal, en un ambiente tan nacionalista como el que domina en Estados Unidos a partir del 11 de septiembre de 2001, puede llevar a la formulación de propuestas que, de tan simples y radicales, desemboquen en acciones contrarias al interés general de la comunidad internacional.

Pero antes de seguir adelante, ¿qué es lo que se entiende aquí por derecha? En cada época y país, las dos grandes corrientes políticas a las que identificamos con la derecha y la izquierda se definen, en buena medida, una en función de la otra, pero cada una tiene ciertos elementos distintivos que le pertenecen de origen. Al final del siglo XVIII, cuando se acuñaron en Francia los dos conceptos en cuestión, el ser de derecha significaba tomar partido por la aristocracia, los terratenientes, la Iglesia católica y el conjunto de los intereses creados, es decir, por la minoría privilegiada. Esa característica original se mantiene. Si para Raymond Aron, el famoso sociólogo francés identificado con el pensamiento conservador, los rasgos fundamentales de la izquierda eran: el énfasis en la libertad individual, el papel central de la organización política (necesaria para enfrentar a la derecha y cambiar el régimen) y la lucha contra los privilegios derivados del nacimiento y de la riqueza,[7] entonces, la derecha se distinguiría por lo opuesto. En contrapunto, lo opuesto giraría en torno a la libertad como limitación del poder y de la acción del Estado en favor de la lógica del mercado, organizaciones basadas menos en las instituciones políticas y más en las "comunidades naturales" —la familia y la corporación— y finalmente, y en cualquier caso, una igualdad que tiene como límite infranqueable el no extenderse al campo de lo social, pues la desigualdad entre los hombres es natural e incluso deseable como motor de la libre empresa y del capi-

271

talismo. En otras palabras, la libertad tendría como frontera el respeto a la desigualdad económica y a la propiedad privada.

Desde la perspectiva de la derecha, la desigualdad es inherente a la sociedad, por ello el gran reto de la política es mantenerla sin que las contradicciones desemboquen en choques de clase. De ahí el gran valor que el pensamiento conservador da, entre otras cosas, a la tradición y a la religión como fuentes legitimadoras de las discrepancias, la autoridad y la conformidad. Y es justamente el factor religioso el que ha dado su peculiaridad a la etapa actual de ascenso y afianzamiento conservador.

En un artículo Bill Moyers —un connotado comentarista liberal de la televisión pública de Estados Unidos, colaborador de los gobiernos de John F. Kennedy y Lyndon B. Johnson— explora algunos de los casi increíbles y peligrosos elementos de la derecha cristiana de Estados Unidos, una fuerza política creciente.[8] Desde luego que el autor no asegura que el presidente Bush mismo acepte una visión tan estrambótica del mundo como la que a continuación se describe, pero tampoco tiene bases para negarlo de manera categórica.

El punto de partida de Moyers es que en Estados Unidos se está experimentado un maridaje de la teología con la ideología que, si se consolida y se lleva a sus últimas consecuencias, "hará imposible que una democracia logre soluciones realistas para problemas que, de otra manera, resultarán imposibles de confrontar".

La ideología a la que se refiere es la que ha sido la del Partido Republicano, pero la teología es realmente peculiar. Ésta parte de una noción cada vez más extendida entre los grupos evangélicos y católicos conservadores: que la Biblia debe leerse y aceptarse en su sentido literal. El siglo XIX estadunidense fue testigo de la emergencia de predicadores que cocinaron una peculiar y catastrófica interpretación de la Biblia, centrada en la idea de un fin del mundo bastante próximo. Y esta interpretación está hoy en el centro de la prédica de una iglesia popular, que cuenta para difundir su mensaje con mil 600 estaciones de radio y 250 estaciones de televisión, entre otros medios. Para quienes aseguran la proximidad de la gran catástrofe final —que bien pueden llegar a comprender a 44% de los estadunidenses[9]—, el porvenir está definido por un solo término: "Rapture" (el Arrebato). Y esta idea es, entre otras cosas, tema de una serie de doce novelas de Tim LaHaye y Jerry B. Jenkins, *Left Behind* (*Los dejados atrás*) que vendió más de 50 millones en los Wal-Mart del país vecino y cuya traducción al español ya está en circulación.

Pero ¿qué es "el Arrebato"?, pues es una interpretación catastrófica de la Biblia, en particular del Apocalipsis. Se supone que una vez que Israel termine de ocupar las llamadas "tierras bíblicas" será atacado por legiones de anticristos, lo que llevará a la gran batalla en el valle de Armagedón. En ese momento tendrá lugar el retorno del Mesías como un "Arrebato". Los verdaderos creyentes —entre los que se encuentra quizá la mitad de la población estadunidense— serán arrebatados de las manos de la muerte y transportados hasta la diestra de Dios padre. Y desde ese lugar verán cómo transcurre el fin del mundo entre guerras y plagas. El planeta y todos los no creyentes —pecadores, irredentos, hijos de Mahoma— perecerán, mientras que los justos de ayer y de hoy heredarán la salvación y la vida eterna. Ahora bien, esta gran catástrofe puede ocurrir en cualquier momento, en todo caso en un plazo no mayor de cuarenta años. Desde la perspectiva descrita, estamos viviendo el principio del fin del mundo.

273

Esta concepción del proceso histórico lleva a un buen número de consecuencias. Moyers se detiene en las de carácter ecológico, pero obviamente hay muchas más y más importantes. La ecológica desemboca en que ya no tiene sentido cuidar el medio ambiente porque en muy poco tiempo todo será nada, lo que facilita las decisiones de la actual administración estadunidense de permitir a las empresas petroleras perforar en zonas hasta hoy protegidas (en Alaska, por ejemplo) y mandar al diablo el acuerdo de Kyoto para evitar la emisión de gases y el calentamiento terrestre. El conflicto con los militantes islámicos —y con el islam en general, a la que algunos teólogos califican como "religión diabólica"— y la invasión de Iraq sólo confirman que el gran conflicto se acerca. Y como el choque que se espera es definitivo, la política ya no tiene cabida, pues de antemano se sabe que no hay posibilidad de una solución. Desde esta perspectiva, entre más mal se pongan las cosas, mejor, pues el objetivo es el choque final entre el bien y el mal. Dadas esas premisas hollywoodenses, el apoyo de esta "religiosidad popular" para la actitud dura asumida por la administración de Bush en el Medio Oriente es casi incondicional.

En el plano interno, este tipo de creyente no tiene incentivos, como en otras épocas, para poner en duda el statu quo y menos cuestionar cosas tan menores como la política fiscal de derecha que domina en Estados Unidos y que lleva a un aumento de la desigualdad y a la concentración del ingreso en pocas manos. El centro de preocupación, el tema urgente, casi único, es la salvación. Así las cosas, para este tipo de votante republicano todo es aceptable en tanto el mando en Washington se mantenga lejos de las manos de personajes tan alejados de la "verdadera religión" como fue el caso de William Clinton, o pudo haber sido el caso de John Kerry, el can-

274

didato demócrata derrotado por George W. Bush, quien nunca ha dado respuestas claras y contundentes para los grandes problemas del mundo.

Moyers, y con él muchos de nosotros, no podemos menos que lamentar el gran peso político que hoy tiene en la gran potencia imperial del norte un grupo religioso y político que muestra "un desdén ideológico por la evidencia y una desconfianza teológica por la ciencia" y que termina por favorecer a los intereses más conservadores de Estados Unidos y del mundo.

NOTAS

INTRODUCCIÓN

[1] Alejandra Lajous, *Confrontación de agravios. La postelección de 2006*, Oceano, México, 2007.

[2] *Fuentes*: El monto de la fortuna de Carlos Slim fue calculado por *Forbes* y citado por el periódico *Reforma*, 12 de abril de 2007; la concentración del ingreso para 2006 fue tomada de *The Economist Intelligence Unit*, 2006.

[3] Al respecto, véase Tribunal Electoral del Poder Judicial de la Federación, "Dictamen relativo al cómputo final de la elección de presidente de los Estados Unidos Mexicanos, declaración de validez de la elección y del presidente electo", 5 de septiembre de 2006, disponible en www.trife.gob.mx

[4] Joseph A. Schumpeter, *Capitalism, Socialism and Democracy*, George Allen & Unwin, London, 1961, pp. 269-283 [ed. orig. de 1942].

[5] John Lewis Gaddis, *The Cold War. A New History*, capítulo v, The Penguin Press, New York, 2005.

LA AGENDA INTERNA

INVENTARIO DEL FOXISMO

[1] Alexander von Humboldt, *Ensayo político sobre el reino de la Nueva España*, Porrúa, México, 1966.

[2] Andrés Molina Enríquez, *Los grandes problemas nacionales*, Impresiones Modernas, México, 1964.

[3] Guadalupe y Rosa Helia Villa, eds., *Pancho Villa. Retrato autobiográfico, 1894-1914*, Taurus-UNAM, México, 2003, p. 311.

[4] José Iturriaga, *La estructura social y cultural de México*, INEHRM, México, 2003, [ed. orig. de 1954].

[5] Fernando Cortés, *Procesos sociales y desigualdad económica en México*, Siglo XXI Editores, México, 2000; Julio Boltvinik y Enrique Hernández Laos, *Pobreza y distribución del ingreso en México*, Siglo XXI Editores, México, 1999.

[6] "Desarrollo social en México", en *Cuadernos de Desarrollo Humano*, núm. 7, Sedesol, México, 2003, p. 20.

[7] Jared Diamond, *Guns, Germs and Steel. The Fate of Human Societies*, Norton, New York, 1996.

[8] Branko Milanovic, *Worlds Apart: Measuring International and Global Inequality*, Princeton University Press, Princeton, 2005.

[9] *Reforma* y *El Universal*, 7 de septiembre de 2005.

[10] Larry Rother en *The New York Times*, 27 de enero de 2005.

277

[11] *The New York Times*, 4 de noviembre de 2006.

[12] Paul J. Vanderwood, *Desorden y progreso: bandidos, policías y desarrollo mexicano*, Siglo XXI Editores, México, 1986.

[13] El concepto lo empleó en una conferencia en El Colegio de México, en 2006.

CORRUPCIÓN POLÍTICA

[1] Reporte de 2004.

[2] *Reforma*, 11 de agosto de 2005.

[3] *La Jornada*, 12 de agosto de 2005; y *Proceso*, 14 de agosto de 2005.

[4] Anabel Hernández y Arelí Quintero, *La familia presidencial. El gobierno del cambio bajo sospecha de corrupción*, Grijalbo, México, 2005.

[5] Latinobarómetro, 2005.

[6] *Bajo Palabra*, núm. 59, noviembre de 2005.

[7] Julio Scherer García, *La pareja*, Plaza & Janés, México, 2005, p. 30

[8] *Reforma*, 12 de enero de 2006.

[9] Samuel I. del Villar, *Agravios nacionales en la hacienda pública mexicana, 1982-2005*, Oceano, México, 2006.

[10] Raúl Trejo Delarbre, *Nexos*, marzo de 2006.

[11] Harold Lasswell, *Politics: Who Gets What, When, How*, Meridian, New York, 1958.

[12] Una buena síntesis del proceso legislativo se encuentra en *Carta de Política Mexicana*, núm. 390, 31 de marzo de 2006.

[13] *Reforma*, 29 de octubre de 2005.

[14] *Reforma*, 26 de octubre de 2005.

[15] *The Economist*, 4 de junio de 2005.

[16] Tirso de Molina, *Marta la piadosa*, acto I, escena VIII.

[17] Elisa Servín, *Ruptura y oposición. El movimiento henriquista, 1945-1954*, Cal y Arena, México, 2001.

[18] El origen inmediato de esos diálogos fue la detención ilegal de la escritora Lydia Cacho en Quintana Roo por policías poblanos el 16 de diciembre de 2005, bajo la acusación de que había difamado a Nacif en un libro donde se le mencionaba con relación a la existencia en Cancún de una organización criminal dedicada a la explotación sexual de menores. El clímax de este affaire tuvo lugar el 14 de febrero de 2006, cuando se hicieron públicas las grabaciones de las conversaciones del empresario con el gobernador de Puebla y con otros personajes, todas relacionadas con el mismo asunto.

EL DESAFUERO

[1] Virginia Guedea, "Las primeras elecciones populares en la ciudad de México, 1812-1813", *Estudios Mexicanos*, invierno de 1991, pp. 1-28.

[2] Programa *Primer Plano*, canal 11 de televisión, 11 de abril de 2005.

[3] Adam Przeworski y Fernando Limongi, "Modernization: Theories and Facts", en *World Politics*, vol. 49, p. 165.

[4] El adjetivo fue utilizado en el diario español *El País*, 2 de mayo de 2005.

[5] *Reforma*, 30 de septiembre de 2004.

[6] *Ibíd.*

[7] Alejandra Lajous, AMLO: *entre la atracción y el temor. Una crónica de 2003 a 2005*, Oceano, México, 2006.

[8] Alejandra Lajous, *¿Dónde se perdió el cambio?*, Planeta, México, 2003.

[9] Carlos Monsiváis, "De la santa doctrina al espíritu público: sobre las funciones de la crónica en México", en *Nueva Revista de Filología Hispánica*, t. XXXV, núm. 2, 1987, p. 754.

LAS CAMPAÑAS Y SUS TEMAS

[1] Priscilla Lewis Southwell, "The Politics of Alienation", en *The Social Science Journal*, vol. 40, núm. 1, 2003, pp. 99-107.

[2] Guillermo Zamora, *2006. El año de la izquierda en México*, Colibrí, México, 2006.

[3] Véase, por ejemplo, en *The New York Times* "La guerra médica de clases" del 16 de julio de 2004, "El presupuesto de guerra de clases de Bush", "El desmantelamiento del sistema de seguridad social", del 11 de febrero y primero de marzo de 2005, y "Perdiendo nuestro país", del 10 de junio de 2005.

[4] Véanse las ediciones del 21 de mayo y 5 de junio de 2005.

[5] Ravni Thakur, "Social Stratification in Contemporary China", *International Institute of Asian Studies Newsletter*, núm. 32, marzo de 2005.

[6] "The Next War of the World", *Foreign Affairs*, septiembre-octubre de 2006.

[7] "The Voice of Fear and the Voice of Hope", *Tikkun*, vol. 21, marzo-abril de 2006, pp. 25-33.

[8] *Proceso*, 10 de septiembre de 2006.

[9] "Fear and How It Works: Science and the Social Sciences", *Social Research*, vol. 71, núm. 4, invierno de 2004, pp. 801-805.

[10] Stanley Hoffman, "Thoughts on Fear in Global Society", *Social Research*, vol. 71, núm. 4, invierno de 2004, pp. 1023-1036.

LA IGLESIA

[1] *El Universal*, 17 de junio de 2006.

[2] Kevin Phillips, *American Theocracy*, Viking Press, New, York, 2006.

CRISIS POSTELECTORAL

[1] Joseph A. Schumpeter, *Capitalism, Socialism and Democracy*, George Allen & Unwin, London, 1961 [ed. orig. de 1942].

[2] Alfonso Durazo, *Saldos del cambio*, Plaza & Janés, México, 2006.

[3] *Milenio Diario*, 7 de julio de 2006.

[4] *Reforma*, 3 de julio de 2006.

[5] Romana Falcón, *México descalzo*, Plaza & Janés, México, 2002.

[6] James C. Scott, *Weapons of the Weak*, Yale University, New Haven, 1985, y *Domination and the Arts of Resistance*, Yale University, New Haven, 1990.

UNA CONSOLIDACIÓN QUE NO CUAJÓ

[1] *Proceso*, 10 de septiembre de 2006.

[2] *The New York Times*, 24 de septiembre de 2006.

[3] *Ibíd.*

[4] Luis Enrique Concepción Montiel, *El discurso presidencial en México: el sexenio de Carlos Salinas de Gortari*, Porrúa, México, 2006.

CONFRONTANDO PASADO, PRESENTE Y FUTURO

[1] Juan J. Linz, "Totalitarian and Authoritarian Regimenes", en Fred I. Greenstein y Nelson W. Polsby, eds., *Handbook of Political Science*, vol. 3, Addison-Wesley, Reading, Mass., 1975, pp. 175-411.

EL ENTORNO EXTERNO

EL NORTE, SIEMPRE EL NORTE

[1] El costo personal de ser indocumentado está bien captado en el artículo de Anthony De Palma publicado en *The New York Times*, el 26 de febrero de 2005.

[2] *The New York Times*, 17 de febrero de 2005.

[3] *Reforma, El Universal, Milenio Diario,* 17 de febrero de 2005.

[4] *El Universal*, 17 de febrero de 2005.

[5] La idea está delineada y justificada en "La segunda década de América del Norte", *Foreing Affairs en Español*, vol. 4, núm. 1, enero-marzo de 2004, pp. 106-118.

[6] Enrique Florescano, *Imágenes de la patria*, Taurus, México, 2005, p. 444.

[7] Enrique Florescano, *La bandera mexicana. Breve historia de su formación y simbolismo*, Fondo de Cultura Económica, México, 1998, pp. 22-29.

[8] Daniel Cosío Villegas, *Historia moderna de México. El Porfiriato. La vida política exterior,* primera parte, Hermes, México, 1960, p. 651.

[9] *Reforma,* 17 de junio de 2005.

[10] *Milenio Diario,* 19 de junio de 2005.

[11] *Milenio Diario,* 20 de junio de 2005.

[12] Esto último fue lo que hizo el canciller Luis Ernesto Derbez, con relación a la crítica que formuló a las policías mexicanas un funcionario de la DEA, *Reforma,* 16 de junio de 2005.

[13] *El País,* 19 de diciembre de 2005.

[14] *Newsweek,* 12 diciembre de 2005.

CHINA, EL NUEVO GIGANTE ROJO

[1] Oded Shenkar, *The Chinese Century, Upper Saddle,* Wharton School Publishing, New Jersey River, 2005.

[2] *Ibíd.,* pp. 110-111.

[3] *Ibíd.,* p.176.

[4] *The New York Times,* 28 de octubre de 2005.

[5] Stéphanie Guichard, "The Education Challenge in Mexico: Delivering Good Quality Education to All", 30 de septiembre de 2005.

[6] *The New York Times,* 28 de octubre de 2005.

LOS FUNDAMENTALISMOS

[1] Véase al respecto el artículo de Seymour Hersh, aparecido en *The New Yorker* y traducido por *El País,* 23 y 24 de enero de 2005.

[2] Véase www.freedomhousse.org

[3] Anatol Lieven, *America Right or Wrong: An Anatomy of American Nationalism,* Oxford University Press, Oxford, 2004.

[4] *Ibíd.,* pp. 19-20.

[5] Richard Hofstadter, *cit.* por *íbid.,* p. 49.

[6] *Ibíd.,* p. 88.

[7] Raymond Aron, *The Opium of the Intellectuals,* University Press of America, Washington, 1985, p. 32.

[8] *The New York Review of Books,* 24 de marzo de 2005.

[9] Dato tomado de Walter Russell Mead, en *Foreign Affairs en Español,* octubre-diciembre de 2003, p. 215.

281

ÍNDICE DE NOMBRES

288

Fue impresa en este mes de abril de 2007
en los talleres de Edamsa Impresiones, S.A. de C.V.,
que se localizan en la Av. Hidalgo (antes Catarroja) 111,
colonia Fraccionamiento San Nicolás Tolentino, en la ciudad de México, D.F.
La encuadernación de los ejemplares se hizo
en los mismos talleres.